河出文庫

ベートーヴェン

吉田秀和

河出書房新社

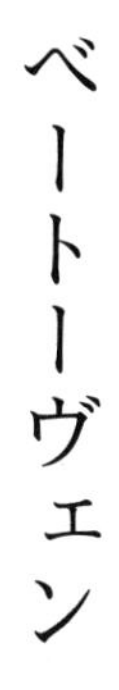

◉

目次

ベートーヴェン

ベートーヴェンの音って？

窓をあけ放ち、外の空気をいっぱいに部屋に入れようとする夏の訪れ。

私の住んでいる街では、それはまた、近所のあちこちからピアノの音がさかんにきこえてくる季節の開始の合図でもある。でもピアノやヴァイオリンなどの楽器は美しい音を出す装置だとして、その「美しい音」とは何か。果して、それは隣人のみんなの頭痛のたねになっても、美しい音といえるのか？　ということがよく問題になる。これは私たちの生活している環境の中での切実な問題である。そのために、人々は、部屋や建物の防音装置を厳重にしたらとか、そもそもの発音体たる楽器に小さな音しか鳴らせないようにしたらとか、中には、音がまるで出ないようにしたらとかいうことまで、考えを及ぼしてゆく。しかし、これはもっともなようでいて、ある意味では致命的な注文になりかねない。音楽をやる人に、音があまり響かないようにやれ、いや全然音を立てずにやれというのは、生きている人間に、他人のめいわくになったりしてはいけないから、酒もタバコも、肉食も、恋も子供を生むこともやめろといった具合に、つぎつぎ禁止してゆくようなものである。音が出なかったら、音楽をやる楽しみなんて、全くなくなってしまう。ピアノをひくのは指のスポーツではないのだ。

私が今考えているのは、これとちょっと別のことである。珍しく五月晴れの今朝、私は床の中まできこえてくるピアノの音で目をさました。きいていると、わが親愛なる隣家の目覚し用音楽家氏は、ベートーヴェンのあるソナタの同じ個所を、くりかえし、くりかえし、根気よくさらっているのである。彼——あるいは彼女——は、その中のある音からつぎの音へのつながりがうまくいかないので苦心しているらしい。この指でこうやって、つぎの音をこうして出してと、ピアニストの苦心が、寝床できいていても、手にとるように伝わってくる。

そのうち、私は、レコード会社の人からきいた、一つのエピソードを思い出した。もう大分前のことになるが、現代の最高のピアニストの一人、ルドルフ・ゼルキンが日本にきた時、その人の会社でレコードを作ることになった。ゼルキンはベートーヴェンのソナタを選び、会社は、そのために日本で最も優秀なエンジニアとして知られているスタッフを用意した。日本の機械が飛び切り上等なことはいうまでもない。約束の日、ゼルキンはスタジオにきて、素晴らしい演奏をした。そのあと彼は、誰でもする通り、録音室に入ってきて、みんなといっしょにテープをきいた。ところが、それをきくなり、ゼルキンは「これはだめだ。このまま市場に出すのに同意するわけにいかない」と言い出した。理由をきくと「これはまるでベートーヴェンの音になっちゃいない」という返事なので、スタッフ一同、あっけにとられてしまった。今の今まで、そんな文句をいわれた覚えがないのである。

ことわるまでもないかも知れないが、レコードというものは、音楽家が立てた音をそっくりそのまま再現するという装置ではない。どんなに超忠実度の精密なメカニズムであろうと、何かを再現するに当って、とにかく機械を通じて行う時は、そこにある種の変貌、加工が入ってこないわけにいかないのである。そう、写真のカメラのことを考えて頂けば良い。カメラは被写体をあるがままにとる機械のようであって、実はそうではない。カメラのもつ性能、レンズとかその他もろもろの仕組みを通過して、像ができてくる時、その経過の中で、被写体は一つの素材でしかなくなる。あなたの鼻や目の大きさまで変ってみえることがあったり、まして顔色や表情や、そのほかのいろんなものが、カメラを通じることにより、あるいは見えなくなったり、より強度にあらわになったりする。そのように、音楽家が楽器から出した響きも、録音の過程で、音の高い部分、中央の部分、低い部分のそれぞれについて、あるいはより強調され、ふくらませられたり、あるいはしぼられ、背後にひっこめられたり等々の操作を通過してゆく間に、変貌してゆく。

その時、「本来の音」を素材に、そこから、「どういう美しさをもつ音」を作ってゆくかは、技師の考えにより、その腕前にかかっている。レコードの装置技師は、いわば音のコックさんなのだ。もちろん、それでも、いや、それだから、すぐれた技師は、発音体から得られた本来の音のもつ「美質」を裏切ることなしに、その人その人のもつ音の魅力をよく伝達できるような「音」を作るといってもいいのだろう。

だが、ゼルキンが「これはベートーヴェンの音じゃない」といった時、日本の最も優秀な技術者たちは、その意味を汲みかねた。「何をもってベートーヴェンの音というのか？」困ったことに、それをいくら訊きただしてみても、ゼルキン先生自身、それ以上言葉でもって具体的に説明することができず、ただ「これはちがう、ベートーヴェンじゃない」としかいえない。それで、せっかくの企画も実を結ばず、幻のレコードに終ってしまった——というのである。

私は、この話を初めてきいた時から、ひどくひきつけられ、その後も、よく考えてみたものだ。ゼルキンは「ベートーヴェンの音」という言い方で、何をいおうとしたのだろうか？　と。それはすでに発売されている、ゼルキンがベートーヴェンをひいたレコードをきいても、はっきりしなかった。

それから数年、ある時バックハウスのレコードをきく仕事があった。この故人となった大ピアニストの数あるレコードの中からベートーヴェンのレコードを選び出し、その上に針をおろしてから、うしろを向いて、椅子のところまで戻るか戻らないか、その間ほんの数秒、音楽でいって一小節もすぎたかすぎないかのところで、私は思わず「これこそ、ベートーヴェンの音だなあ」と声に出した。がちっとひきしまった音、筋肉質で、ぜい肉のない音、甘いとは正反対の、むしろ渋いというか、すっぱいというか、とにかく、それをきいただけで、「ああ、美しい！」と言いたくなるような響きとはまるでちがう音。きたなくて汚れているのとでは全然ちがうけれど、思わずふるいつきたくなるような、あるいはうっとりと身を任せてその音の中に没入したくなるようなものとも正反対の、むしろ、それをきくと途端に目をさまして、注意深くあたりを見まわしたくなるような音……。

ゼルキンは、「この」音のことを言っていたにちがいない、と私は思った。あの一見愛想が悪く、人見しりが強く近づきがたいけれど、ききこむにつれ、その奥の深さ、底に秘められた温かさ、優しさがだんだん伝わってくるような音楽をやるには、こういう「音」が必要だし、また、事実、ベートーヴェンは、こういう音で、彼の音楽をイメージしていたにちがいない――と、ゼルキンは信じていたのだ、と私にもわかってきたのだった。

そう考えてくると、ショパンをひくには全く別の音が前提になる。優婉で哀愁にみち、決して自分をあらわにさらけ出さない音でなければならないし、ブラームスの音楽は肉づきの良い、部厚くて共鳴の豊かなよく響く音と切り離せないという具合に、わかってくる。どんな音楽にも当てはまる、「美しい音」というものはない。それをあるように考え、ただ良い音、きれいな響きを追い求めたり、それを無上にありがたがるのは、人間に、誰からみても「美人」があり、どんな場合にも通用するような魅力的な笑顔があると信じるのと変らない。

私の隣りのピアニスト氏は、まだおさらいをやっている。あの音では、ベートーヴェンもショパンも無理だろう。ではどんな音楽が本当に向いているのだろうか。私たちみんなにとって、自分で自分の出している音がどんなものかを、正確にきく耳を養うくらいむずかしいことはない。

クレーとベートーヴェン

これはいまはなきヴィル・グローマンにきいた話だが、クレーはいつも何枚もの絵を同時に手がけていたそうである。彼のアトリエにはいろいろな絵がかけてあって、クレーは、いわばそれらの絵に同時に従事していた。あるときは、こちらの絵に向かい、それに幾筆か加えたかと思うと、部屋の隅にある別の絵のところにいって、それと対決する、といった具合に。

最初この話をきいたとき、私は、なるほど油絵の絵描きというものは、絵具がかわくまで待たなければ、さきに進めないという事情もあることだろうから、それで、こういうことになるのだなと思ったきり、別に、そのことについて考えてみようともせずにいた。

しかし、ちょうど、そのころから私の頭の中で、ベートーヴェンの作品で調べてみたいことが、だんだん形をとりはじめていたのだったが、それを進めているうちに、グローマンからきいた話で、ふと、思い当たることがでてきたのである。

周知のように、ベートーヴェンという音楽家の残した仕事については、それを三つの時期にわけてみるという考え方が、ずいぶん早くから生まれ、今にいたるまで行なわれている。ここでは、その話が眼目ではないのだから、簡略にふれるだけにするが、とにかく、初期のまだハイドンとかモーツァルトとかいった大先輩から懸命に摂取していた時代があり、ついでほぼ三十歳前後からの、つぎつぎと力作、名作のかずかずを生みだし、恐ろしいほどの充溢ぶりを示していた壮年期があり、そのあと、いわゆる晩年の作風というものに入る。交響曲でいえば『第九』、それに『荘厳ミサ曲』、あるいはそれぞれ五曲ずつある、最後のピアノ・ソナタ群と弦楽四重奏曲群といった音楽史上、唯一無比の精神的所産が日の目をみたのは、この時期の楽匠によってだった——ということになっている。私も、大筋において、そう考えてよいのだろうと思っていた。

それで、このベートーヴェンの作品をきいているうちに、私は、この人がある一つの考えを、いくつもの作品の中で、いろいろに表現していることがわかってきた。そういうことも、これまで誰も注目しなかったというわけではなく、たとえば、誰も知っている『第五交響曲』のはじまりのあのタタタ／ターというリズムのパターンが

『ハープ四重奏曲』のスケルツォとかに、そのままの形で出てくることは、ちょっとでもこれらの曲に馴染んでいる人ならみんな気がついているはずなのである。

だが、この事実を、だから、どういう意味があるのか？　と考えるかという点になると、これまで、少なくとも私の知る限り、つっこんで考えてみたものがあまり見当たらないのである。それに、ベートーヴェンの諸作品中の、こういうモティーフの共通性の例は、注意して観察すると、もっともっと、たくさん出てくる。そのうちの一例だけ挙げれば、『第三』『第四』『第五』という三つの大交響曲ではすべて、基本の楽想が共通しているのであり、しかも、その根本の楽想なるものは、ベートーヴェンでは、言葉の徹底した、そうして全的な意味で「根本的」なのであって、それが全曲にわたって「基本」になっている。だからこれらの交響曲は、すべて、要するに、たった一つの楽想から生まれているといっても、過言ではないのである。それは、また実に意外な表われ方をしてもいて、彼のチェロ・ソナタの中でいちばん有名なイ長調作品六九の第一楽章の主題は、ベートーヴェンのかいた唯一の『ヴァイオリン協奏曲』のそれと、同じ根から生えたものである。ただし、これは、ちょっと見ただけではわかりにくいかもしれない。こうして、ベートーヴェンでは、共通性、あるいは同一性といっても、すぐわかるのと、少し隠微なのと、といった違い方はあるが、しかし、全体的にいって、それはもう驚くほど多くの作品にわたって、同一のモティーフが骨子となっているのである。それとまた、なかにはとんでもなく、時代的にかけはなれた作品の中にも、見いだされる関係があったりして、少し簡略化していうと、ベートーヴェンという人は、一生にわたって、ほんの少しのことを、何度もくり返しのべていたにすぎない。ただし、それはまた、実にびっくりするほど、いろいろな、ちがった形で表わしていたとさえいえるのである。それに、大筋でいうと、ベートーヴェンの最後の時期の諸作品の間には、壮年期に劣らず緊密なモティーフの共通性があるのだが、そこにいたって、それまでの彼の創造にはほとんどまったく見られなかったテーマが姿を現わしてきたということも観察されるのである。

どうして、こういうことになるのか？　それを考えるのも、私にはひどく興味があるのだが、それよりも、今は、だから、どういうことになるかということだけを考えるとすると、「だからこそ、ベートーヴェンの手からは、ひどくちがうものが生まれてきた」ということがわかってくる。さきに例にあげた『第五交響曲』と『第四ピアノ協奏曲』をみてもよいし、あるいは『第三』『第四』『第五』の三つの交響曲を思い浮かべてみていただいてもよい。これらの曲は、それぞれが、一つずつ、まるでちがう小宇宙を形成している。別の言い方をすれば、『第五交響曲』はこのうえなく劇的な音楽だし、『第四ピアノ協奏曲』はほかのどんな人もかいたことのないような哀歌的で抒情的な音の詩になっているし、『第四交響曲』の中にみなぎっている愛情の息吹きと、光と闇の交代の中にみられる上機嫌、ユーモアといったものは、『第三交響曲』にも『第五交響曲』にも、まるでないものである。

また、以上の三つの交響曲の創作年代を調べてみると、ベートーヴェンが、これらの作品の仕事を同時に進めていたことがわかるのだが、その要素も入れると、さらに、「ベートーヴェンは同じモティーフをつかって、同時に、いくつかの別々の作品をかいていた」ということになり、それをもう一歩すすめて考えてみると、ベートーヴェンでは、ほかのどんな作曲家にみられるのよりも、いろいろとちがう表現の相互の間での違いの幅が極度に拡がり、内容的に深まっているということと、以上かいたこととの間には、密接な関係があるのではなかろうかという問いがおのずから浮かんでこないわけにいかなくなるのである。

基本が同じだから、変化がますます多様になる。しかも彼は、その多くを同時にかき進めるのが常だった。

私には、クレーという画家にも同じようなことが見られるような気がするのだが、どうだろうか？　グローマンは、クレーが同時に何枚もの絵にとりかかっていたと話してくれただけだが。

クレーの絵は、その数からいっても、ベートーヴェンの作品の数とは問題にならず多いから、非常にむずかしいことになるだろうが、私はかつて、グローマンのかいた大冊の『クレー』をずいぶん時間をかけて読んだことがある。そのときにわかったことの概略をかいてみると、クレーの創作も、ほぼ、三つの時期にわけてみることができなくはない。つまり一九一二年以前の、いわば初期の仕事。それから一九三六年から一九四〇年に死ぬまでの最後の四年間を、かりに晩年のクレーの画業と呼ぶとすると、その中間に、壮年期というか、充溢期というか、とにかく彼の最も脂ののりきった、名作佳品の類が大変な勢いで生まれていた時期がくる。

　そのなかでもまた、ほぼ一九二二年から一九三六年にいたる間というものは、クレーの芸術が「内容的」にも形のうえでも、実に多様に出現していた時期なのだが、しかしまた、そこに形をとってきている絵を仔細にみてみると、私にはどうしても、時期的な前後関係がみられるものは、少ししかないように思えてならないのである。それよりも、これらの大部分が同時といったら語弊があり、不正確でもあろうが、しかし、本質的にいって、それらが、ほとんど見通しがきかないくらいの表現の多様性をもつにいたったというのも、そもそも、それらの作品の間に存在する多層的重層的同時性に由来する、というのが正しいような気がするのである。このころの絵の数が猛烈に多いのも、それらが同時にいくつも着手され進められていたからでなければ物理的に不可能だったからだけでなく、これらの絵のあり方が、そうなることを要求したという結論に導かれるのだ。

クレーの絵の——芸術としての形態上の面から考えるのは、私の最も好きな仕事だが、これはいま、省略するとして——いわゆる「内容」からみても、この時期の彼の絵には、人間の顔と姿、それも走ったり、立っていたり、坐っていたりするもの、あるいは一人、あるいは二人、それ以上の組合わせで。それから昆虫とか魚とか蛇とか鳥とか犬とか猫とかいった動物たち。植物——木、草、花、果樹。海、湖、河、平野、丘、山、荒野といった大地の景観。あるいは田園、いや特に庭園は、クレーには再三再四くり返し出てくる。彼には、この人工と自然のまじわりあうものが特に気に入っていたのかもしれない（庭園はクレーの絵の本質そのものに最も近いものだったとさえ、私はいいたいのだけれども）。家、人のいる窓、いない窓、村、街。それから、乗りもの、自転車、船（これもクレーの好きなテーマ、蒸汽船、帆舟）、あるいは飛行機。それから、朝、白昼、晩、深夜といった一日の時間と、春秋、夏冬といった季節。星たち。それから人間の心的なもの、愛とか憎しみとか、恐怖とか、軽蔑とか、悲哀と歓喜。いや、クレーのとりあげたものを数えあげ、そのカタログをつくることは、不可能ではないにしろ、ちっとやそっとではいかない。それに、以上は思い出すままにあげたのだが、さらに無数の変形、組合わせが加わるのだから。要するに、クレーは目に見える形、見えない形のすべてを通じて、物と心との現実と非現実のすべてを描いたといっても、そうひどい誇張にはならないだろう。

だが、私は、こういったすべてを通じて、そこに、根本的同時性と多様における単一性とが見えるような気がする。それは、彼の庭の絵あるいは海の絵だけをひろって調べてみるだけでも、はっきりするだろう。

もちろん、いわゆる壮年期のベートーヴェンが一つのモティーフでかいたといっても、その間の作曲家としての彼にはやはりある歩みがある。それと同じようにクレーの場合にも、静かなごく目立たない有機的な成長、かすかな重点の移動、ゆるやかな成熟といった言葉で呼びたくなるような、ある変化が認められるのは事実である。

だが、ベートーヴェンにしても、クレーにしても、それはいわば、夢中になって仕事をしているうちに、夜が朝になり、昼になったように、あるいは春が夏に移り、秋がすぎて冬が襲ってきたような、そういう具合に発生した外部の移り変わりであり、それを反映する内的なゆるやかな成熟というようなものだったのである。ある時点にたって、「君はこの十年間というもの何をしてきたのか？」とたずねたとしたら、彼らは驚いて目を外にやりながら「私は一つの仕事にたずさわっていた」と答えたのではなかったろうか？　「芸術は長く、人生は短い」とは、そういう意味であっていけない理由があるだろうか？

だが、こういったゆるやかな成熟、目立たない重点の移動の年月のあと、突然、ある強烈な――クレーの場合は、凶暴なといっても悪くないような――変化が飛びこんでくる。それを私は一九三六年にみるのだが、この年を境に、彼の絵にはそれまでとまったくちがうものが出てくる。第一、これまでのクレーの仕事の最も特徴的な筆跡あるいは息遣いとでも呼びたいような、あの敏感な筆遣いが様相を変える。まるで、クレーの手の上に、重い材木がのしかかってきて、その重圧の下に描いてでもいるかのように、これまでの明晰な文字のかわりに、それぞれの線が孤立し、神秘めかしい記号に変形しだす。

また、画の題だけみても、一九三八年には『こわれた鍵』『恐怖の踊り』、翌年には『破壊された迷宮』『恐怖の爆発』、その翌年、つまりクレーの最後の年には『火中の死』『カロン』、そうしてあの恐ろしい『死の天使』といったものがすぐひろえる。また、そんな単純なことでなくとも、この数年の絵には、何かが粉砕され、断片化し、いちばん根源的なものに還元されてしまったのを見ないわけにはいかない。一言でいうならば、クレーの最後の絵たちは死の象徴からそう遠くないものになった。もちろん、そういう中でも、彼が、なんとかして、これを快活なものに場合によっては喜劇的なものに転換しようと努めているのも感じられないではないけれども、しかし、根本的にいえば、避くべからざるものとの対面というほかない芸術となってしまったのだ。

晩年のベートーヴェンの音楽は、このクレーの最後の四年間の絵とは、ずいぶんちがった世界のものである。だが、ここでもつんぼの音楽家は、神と死と孤独といったものに直面していた。この二人の芸術家の創造には、一つのモティーフの多様なメタモルフォーズとしての創作という点では、まったく同じ事情が働いている。まったくタイプのちがう芸術家なのに、彼らの創造行為の根本的なところで共通点がある。それが私の関心を呼ぶのだ。

そうして、これは、たとえば、同じような二十世紀の天才同士といっても、ピカソの場合とはひどくちがう芸術のあり方だと私は考える。

それに、ピカソといえば、誰も知っている『ゲルニカ』はなるほど人間の虐殺を扱い、それへの抗議ではあるが、ここにある《死》は人間の外部から強制的暴力的におしつけられたものだ。ところがクレーでは、死は内部からくる。自分の肉体の中で行なわれる最も内密で、しかも非常な苛烈さと必然性をもって迫ってくる力、かつていちど構成されたときにたどった過程の逆行、つまり解体として。死は、何か遠くから私たちのもとにやってくる力としてでなく、私たちの最も内的で、最も本質的な体験として、私たちの中から発酵してくるものとでもいったものとして受けとられ、私たちはまた、クレーの晩年の絵を、そういうものとして見るほかないのである。

静けさの効果　歌舞伎と『第九』

この間の日曜（二月八日）の夜、何気なくTVのスイッチを入れたら、歌舞伎の舞台中継をやっていた。かみしも姿のさむらいがひとり、舞台の奥から花道に向かってゆっくり歩いてくる、重い足どりで。

背景はお城らしい。うしろ髪をひかれる思いなのだろう。彼はそのお城の方に何度も向き直り、そのたびに気をとり直して歩き出そうとする。足がいうことをきかず、立ちつくしたところで、拍子木がなり、幕があわただしくひかれ、さかんな拍手がおこる。

しかし、舞台は幕の背後に消えたあとも、役者の演技は、そこで終わるどころか、まるでこれからだといわんばかりに、さまざまの仕草を始める。その中には花道に坐りこみ、城の方角に向かってしばらくひれ伏して、何ごとかを祈るようにじっとしているとか、おもむろに懐紙をとりだして両眼をぬぐうとか、思いかえして、立ち上がり、一、二歩前進するとか。しかしまるで呪縛にかかったみたいにまた立ちつくしてしまうとか。そういうことのあったのち、彼はついに意を決し、今は引き幕のかげにすっかり姿を消してしまった城に背を向け、両手を懐深く入れ、そうやった手で、刀を上から押さえ、両肘を左右に大きくはりながら、花道を奥に向かって立ち去る。万感こもごも来り、去る間に、烈しい感動に圧倒されながらも、この人物は、もう一度自分をとりもどし、毅然たる態度に立ちかえろうと努力する。

その内面の格闘が、見るものに強い感銘を与えるのだが、おもしろいことに、彼の動きに一くぎりつくごとに、場内からは盛大な拍手がわいてくるのである。観衆はそのたびにこれで終わりだと思って拍手するらしいのだが、拍手が俳優の意欲に一段と油をそそぐ効果も見られ、入神の演技はさらに続けられ、広い劇場の空間いっぱいにみなぎる緊張は、それにつれて、また高まり強められるのが、ＴＶを通してさえ、肌で感じられてくるのである。

何たる演技だろう！　と私は思った。その時までに、実は私にも、自分が今日目撃しているものが『忠臣蔵』の何段目かの幕切れであり、それを勘三郎の扮する大星由良之助が演じているのだろうという見当はついていた。もしそうなら、話の筋としては、これは大星が万斛(ばんこく)の恨みを胸に、城を去ってゆくというだけのことにちがいない。だが、それだけのことから、この名優は、五分あるいはそれ以上になるかも知れない時間の長きにわたって、全く一言もしゃべらず、彼のほかには人っ子一人姿をみせぬ文字通りの一人芝居で演じている。この音もなく展開される劇的緊張の強さ。

私は歌舞伎は好きでこそあれ、一向に不案内な人間なので、この舞台がどこまで勘三郎の発明であり、どこまでが習慣なのか、判断がつかない。しかし芝居の筋としてはもう完了してしまった時点から、あとはただ彼一人の演技力だけで、この広い空間と長い時間（五分という時間がどんなに長いものか、音楽をきいてみるとすぐわかる。五分あれば、実にいろいろな音楽が鳴らされうるものである）を、一瞬といえども、弛緩した時間、空虚な場所におとさずに、高い緊張の糸をひきしめ、はりめぐらしてゆく能力。

その上、これが何とも形容のしようのない「静けさ」の中でやってのけられてゆくのを見ているうち、私は前にもどこかでこれとよく似た経験をしたはずだという気がしてきた。

ＴＶが終わってから、しばらくそのまま考え続けているうち、とうとう思い当たった。それだけでなく、その間にいろいろのことが思い出された。

私は一九五四年の夏はじめてバイロイトにヴァーグナーの楽劇をききにいった。その時フルトヴェングラーがベートーヴェンの『第九交響曲』を指揮する日があった。

その演奏の中で、第一楽章の終わり近く、もう大切なことはみんな歌われつくされたころになって、急に音楽が不思議な静けさの中に落ちこんでしまったかのようにきこえる部分がやってきた。それまでのあの壮大な音楽の歩みが、突然、様相をかえ、何ともいえない奇妙な地下の世界に踏みこんでしまったような気がして、私はハッとした。そのことを思い出したのである。『第九』を知っている人はみんな気がついているはずで、第一楽章のコーダの後半に低い弦楽器とファゴットが半音階で下がったり上がったりするところがある。音楽はそのあと、また気をとりなおしたかのようにもり上がっていって、肯定的な決意の身ぶりで終わるわけだが、あすこでは音楽に何か冷たい世界からの風が吹きこんできたかのような感じを与えられる。

これはまずどんな指揮者できいても気がつくことなのだが、あの時のフルトヴェングラーできいた『第九』には、その前もその後も、ついぞ味わったことのない不思議な静けさと、それから満足感との入りまじった手ごたえがあった。私はそれを長い間忘れていた。そうして、勘三郎の舞台を見ている中、それが二十年あまりの歳月をとびこして、急にぽっかり意識の表面にもどってきたのである。

と同時に、こんどは、どうしてベートーヴェンは、特に『エロイカ交響曲』以後の、成熟したのちのベートーヴェンは、ソナタ形式というと、提示部、発展部、再現部という、それまでの構成のあとに、もう一つ、長大な終結部つまりコーダをつけるようになったのだろう？　ということに、改めて、不思議な気がしてきた。私はこれまで、「ベートーヴェンはだんだんこういうふうに書くようになった」という話ばかりきかされ、自分でもそう意識してきいてきたが、どうしてそうなったのか？　という疑問に対する答えはおろか、その疑いそのものにさえ、ぶつかった覚えさえない。

私には、今ここでその答えを出す力はない。ただ勘三郎のあの結びの名人芸を思いかえしているうち、彼のやったのは本来の劇が終わってしまったあとで、もう一つ、静かに、しかもすごい劇的緊張をつくることだったが、しかしあれはあれで、それに先立つ劇の本体の提出していた悲劇を解決に向けて方向づけ、鎮静させてゆく働きをするものではなかったろうか？　という考えが浮かんできた。その場合、勘三郎の一人芝居では、その前にあった劇とは素材は同じだが、しかし性格のちがう処理の仕方が必要なので、そうでないと、単なるくりかえしになってしまう。そのちがいの最大の眼目が、先立つ舞台になかったあの静けさというものではなかろうか？

ベートーヴェンの『第九』の第一楽章を思い出してみると、あれは謎めいた、しかし非常な緊張を秘めた静けさで始まり、いくつかの起伏をくりかえしながら、曲の中ほどで最大のダイナミックなクライマックスを迎えるようになっている。その巨大な盛り上がりが、新しい音楽でなくて、ほかでもない最初の神秘な始まりの再登場にほかならないという点が、この楽章の最大の劇的な契機にもなっているわけだが、このあとは音楽は緊張をほぐし、鎮静に向かって、大きく流れてゆく。

要するにこの楽章は静で始まり、だんだん動きの振幅をひろげ、まんなかで緊張が最高潮に達し、そのあとはまただんだん鎮静の道をたどるというアーチ形の構造をもっている。とすれば、あの長大な結びは、緊張の解決の最後の仕上げのために書かれたことになる。それが静かであるのと、前にクライマックスにもっていったものと無関係ではないけれど、しかしその根本にしっかりした安定感をもつようにつくりかえられているのは、そのためだろう。

ここまで考えてきた時、私はかつてシャリアピンの独唱でくりかえしきいた『ヴォルガの舟唄』を思い出した。あの稀代の大歌手は、これ以上単純なものはないくらい単純なロシア民謡のふしを何回もくりかえすのに、はじめの遠くかすかな歌声から、次第に大きく強くなり、最高潮に達したあとはまた、だんだんに小さくしていって、最後はまるで遠くで鳴っている風の音のようにして終えたものだ。それは舟をひく人の群れが遠くから次第に近より、私たちの間近をすぎて、また遠く離れてゆくという印象を与えた。『第九』の第一楽章の最も素朴な原型といってもよいだろう。

中学生の私は、ひところ、このレコードをくりかえしきいてあきなかった。声が大きくなるにつれて私の心臓は一層どきどきしたのは事実だが、しかし私とすれば、声が小さくなるにつれて、ますます想像力が活発に刺激され、はてしない荒野がくりひろげられるのを見る思いがしてくるのが一層たのしかった。音は小さい方が、きき手の注意力をより高めることを知る上でも、この経験は役立った。

私はシャリアピンをきく機会をのがした。彼の来日は私の学生生活最後の年に当り、そのころの私にはまだ一、二科目の試験が残っていた。その中のある日、まるで『忠臣蔵』そっくりの大雪があり、総理大臣はじめ大官たちが何人も襲撃された。市中は完全武装した兵士に占領され、私たちの試験は延期された。一九三六年二月二十六日のことである。ただし就職先もきまらず、さがすことさえむだだと覚悟していた私には、大学を卒業するのをいそぐ理由もなかった。

中国とベートーヴェン

批林批孔につづいてベートーヴェン批判が中国の『人民日報』に発表された。その論文の日本訳を読む機会があったので、今月はそれについて書くことにしたい（論文は二つだが、趣旨は共通なので一括して扱うことにする）。

ことわっておくが、これは私の個人的感想、読後感であって、解説ではない。それをするには私の中国に関する知識はあまりにとぼしい。

さて、論文の要旨は、つぎの二点と思われる。

（1）音楽では純音楽とか絶対音楽とかいって思想的内容のないものがあるかのようにいわれているが、そんなことはない。マルクス主義からみると、文学芸術作品はみな一定の社会生活の反映であり、一定の階級の思想感情の表現を意図したものであるが、音楽も例外ではない。このことは標題のあるなしにかかわりなく真実で、それを否定するのはペテンにほかならぬ。

（2）西洋十八、十九世紀の音楽は西洋資本主義社会の産物で、ブルジョワ階級の利益を守り、資本主義制度に奉仕する芸術である。そういう中でベートーヴェンの『第九交響曲』が、当時一定の反封建的進歩的意義をもっていたのは事実だが、その当時でもプロレタリア階級の思想感情を反映してはいなかった。まして今日のわれわれのプロレタリア独裁社会主義制度にはなおさらしっくりしない。そのことを棚にあげ、作品をもちあげるなどどうしてできよう？　ところが今なおそれをそっくりそのまま、われわれの青年に注入するものがいる。彼らは青年をどこにむけてひっぱっていこうというのか？　われわれは警戒し、これと戦わなければならない。

これを読んで、私はもっとも至極な主張だと思った。私はマルクス主義者ではないが、だんだん音楽に慣れるにつれ、最近は西洋十八、十九世紀の音楽をきいていて、そのはしばしに、当時のヨーロッパ市民社会の考え方、感受性が形となって出てきているのをみる思いがするようになった。またベートーヴェンがブルジョワ階級の人間であることはわかりきった事実である。彼に限らない、バッハ、ヘンデルにはじまりモーツァルト、シューベルト、ショパン、ヴァーグナー等々等々、要するに十八、十九世紀の音楽家で、今日音楽史に残っているような人たちは、例外なく、ブルジョワ階級の出であった。それをかくす必要はまったくないし、そういう人たちの音楽に盲従していては、現代中国の求める自分たちの音楽は作れないではないか？　「ペテン師どもよ、青年をどこにだましつれてゆくというのか？」というのには、私は全面的に共鳴する。

いや、正直なところ、この二点はあんまりわかりきったことで、今になってこういうことを力説しなければならないというのが、むしろ不思議な気がするといいたいくらいだ。と同時に、要旨の第一点についても、それはその通りだが、問題はそれから先にあるのではないかという気がする。このことはまたあとでふれよう。

ところでベートーヴェンを無批判でうけ入れないというのは何も今の中国にはじまるわけではない。論文にはドビュッシーが『第九』について「ここではシラーの詩は音響的価値でしかない」といったが、「それは『第九』が表現しているブルジョワ政治思想をおおいかくし、人民大衆をだますためだ」と書いてある。なるほどそういう解釈もあるのか？　と改めて教えられたはしたものの、私の考えはちがう。

私見では、ドビュッシーはベートーヴェンの言葉を音にする仕方に全面的に賛成できず、これでは言葉の本当の意味も声のニュアンスも台なしだと考えた（ベートーヴェンの人声の扱いが器楽的すぎるという批判は、何もドビュッシーをまたなくても、生前から広く行なわれていたことである）。そのうえ、ドビュッシーという人は恋の悲劇を扱った彼の唯一のオペラの中で、恋する男にたった一度「君を愛する」といわせ、女には「私も」ときこえるかきこえないかの声で囁かせるにとどめたくらい、言葉を大きく強調する使い方を拒絶した音楽家である。その人が、人類全体を兄弟のように愛し抱擁すると大合唱で絶叫させる音楽にはとてもついてゆかれない、と考えたのは、当然すぎるほど当然であるまいか？　そういう《人類愛》は彼には悲愴すぎ、観念的すぎて信じられなかった。ドビュッシーはこういう芸術家だったからこそ、ちょうどベートーヴェンが音楽を十八世紀から十九世紀にひっぱっていったように、彼自身の手で十九世紀音楽を二十世紀に向かって解放するのに成功したのである。

ベートーヴェンに批判的なブルジョワ作曲家はドビュッシーひとりに限らない。ストラヴィンスキーをはじめ、今世紀の音楽の代表的人物、ケージ、シュトックハウゼンらの作品はベートーヴェンからは実に遠いところにいる。

今度の論文をよんでみれば、それがベートーヴェンの批判というよりも、ベートーヴェンに追随していたのでは、自分たちの音楽はつくれないのに、それを故意にかくし、永遠の手本のようにいうペテン師たちの存在を示し、それを糾弾するのが重点であることがわかる。ベートーヴェンはしょせんブルジョワ階級のもので限界がある。それなのに、「すでに批判ずみのデタラメな理論が今日またよそおいを改めて姿を現わし」外国崇拝や復古への道を開こうとしていることを糾弾しているのである。

だから、中国におけるベートーヴェン批判といっても、事柄は政治的、それも高度に国内政治的な次元での話だと考えられる。

だが、そう考えたうえで、私にはわからないことがつぎつぎ出てくる。ベートーヴェンを最大の象徴とするブルジョワ階級の《純音楽》に毒されるといっても、七億だったかの人口をもつ中国で、その「ベートーヴェン」的音楽に馴染んでいるのは何パーセントなのか？　あるいは数は少なくとも専門家の多くがこの「あやまった理論」にとらわれ、現代中国が新しい自分たちの音楽を求めて産みの苦しみを経験している中で、それを真剣に考えないというのであれば、その専門家とはどこでどうして活動しているのか？　彼らが教育機関をとりでに次代の音楽家を損っているのであれば、その機関ではどのくらいの数の学生を相手に、どんな教育が行なわれているのか？　楽器はどうしているのか？　そこではベートーヴェンはやられているのか、いないのか？　「ベートーヴェンを批判的にきく」とすれば、それは具体的にはどうやってきくことをいうのだろう？　これはブルジョワ擁護の音楽だといわれてきいたり、演奏したりすると、音楽がどうちがってきこえてくるのだろうか？　それでもやっぱりきいたりやったりする意味があるとすれば、それは音楽を通じての一種の歴史教育と考えればよいのだろうか？　また音楽と人間とのつきあい方は、単に専門家と、きく大衆の二つにわければすむものではなく、家庭で野外で職場で自分ひとり、あるいは仲間といっしょに合奏、合唱して楽しむ人たちも大ぜいいないはずはないわけだが、その時人たちは何を歌い、何をひいているのか？

私にはこうした点が皆目わかっていない。日本の新聞も雑誌もこういう日常的な面の報道は豊かでない。ただこの間中国から来日したオペラ・バレエをテレビで見聞していた時、もしかしたらどんな人にもわかる一つの出しものが全土をひろく巡演してまわることは、あの広大な国土に膨大な人口をもつ巨人国家の大衆が何らかの形で共通の生活感情の存在を実感するうえに、私たち日本人には想像もできないような役割を果たしているのかもしれないという予感が、はるかなものをのぞみみるような感じで私を襲ってきたことはここで書きそえておきたい。もしそうなら、中国は音楽と音楽家を大々的に必要とするといわなければならない。と同時に、ベートーヴェン的音楽は一握りの人たちにしか必要でなく、したがって大衆を分裂さすことにしか役立たないのなら、それを全面的に禁止してもたいして痛くもかゆくもないどころか、むしろ、それが急務でさえあるだろう。

ところが、中国はそうするどころか、近年は欧米諸国と盛大に文化交流をはかり、その一環として、欧米の交響楽団をつぎつぎ呼んで演奏させている。今度ベートーヴェン批判ときいて、私がまっさきに思いうかべたのは、昨年の春からロンドン、ヴィーン、フィラデルフィアの諸都市から世界屈指の大交響楽団が招かれ、北京その他の都市での演奏会を開いた際、いずれも「熱烈歓迎」をうけ、大盛況のうちに行事を終えたという報道があったばかりなのに、あれはどうしたのだろう？　ということだった。あの時の曲目はベートーヴェン以下のブルジョワ作曲家のものだったはずだ。それが大成功をおさめたというのは本当だったのか？　それとも……。

いずれにせよ、現代中国のことだから、ブルジョワ国家と大いに文化交流を図ろうという考えが、政治の最高方針とかかわりなく出てきたはずはない。とすると、今度の論文はそれと真向から対立するものか？　あるいは両路線を共存さす何らかの理論があるのか？

ここでも私は、自分で判断するには、これまで与えられてきた情報があまりにも穴だらけだったと痛感するばかりである。それに、『人民日報』の記事は普通どのくらい大衆に読まれているのだろう？　また、読まれているのだとすれば、それはどんなふうに読まれているのか？　日本の大新聞のようにみんなが家にいて気楽な気持でよみ、賛成だとか、何だくだらないとかいって、読みすてているのだろうか？

あるいはこれらの論文は、特定の対象を念頭に、何かの意味で限られた読者を予想して書かれるのだろうか？

論文はまた「内容がまったく反動的でも芸術性のある作品もあることを認め、こういう時こそますます人民に有毒だから警戒心をゆるめてはならぬ」といっているが、それにちなんで、私はかつてマルクスで読んだことを思い出す。昔読んだことで引用は正確でないかもしれないが、たしかマルクスはこういったことを書いていたはずだ。「ギリシアの文学芸術は、物質的前提のプリミティヴな性格にもかかわらず、今でも私たちみんなの、よんだりみたりするうえで楽しみのもとになっているばかりか、ほかにくらべようのない模範なのだが、これはなぜだろう？」

彼は、このように自問し「ギリシア悲劇が永遠の魅力をもつのは、私たちが空想のうえでとかく自分を幼年時代におきかえてみたがるからだ」と自答していた。見られるように、彼自身の理論が邪魔したためか、答えは十分説得的ではない。それにもかかわらず、この問いを自分に出したマルクスの素直さに、私は打たれる。私など、ベートーヴェン以下のブルジョワ音楽をきいて、それに魅せられて以来、いまだにいくらきいても感動しているのである。

私には、その中の最高の作品は、李白、杜甫らの中国の詩と同様、人類の最も輝かしい創造に属するとしか考えられない。そうして何度でもこの音楽がききたくなる一方で、どうしてこうなのだろう？　と考えずにいられない。このごろはもう、私の一生などというものは、この疑問の前でうろうろしているうちに終わるだけのことだろうと観念している。

イーヴ・ナット／『ピアノ・ソナタ全集』

CD／エンジェル　TOCE6610～17（廃盤）

今月も注目すべきCDが幾つかあった。前おきが長くなりすぎないよう気をつけながら、一言ずつふれておくと、まず、私の好きなフォン・オッターの『ブラームス歌曲集』。前に彼女のヴォルフとマーラーの歌曲を集めたCDを、ここに、とり上げたのは何年前だったか。そのあと、彼女のキャリアはどんどん上昇していて、恐ろしいほど。偶然だろうが、今月も合わせもので彼女が一役買っている盤がほかに二組も出ている。中でも、ここにとりあげた《ブラームス》は本当に良い。『涼しい森よ』『夜なかにはね起きて』『なまぬるい風』『懐郷』それからあのヴィオラのオブリガートのついた作品九一の『二つの歌』。まじめで、深くて、しかもたっぷりとロマンチックで。すでに、一度とり上げたのでなかったら、私はこれを今月の一枚に上げたろう。

リーリャ・ジルベルシュテインという、まだ若いソ連出身の女性ピアニスト。彼女のラフマニノフの曲ばかり入れたＣＤが前に出ていたが、私はあんまりラフマニノフのを幾つもきいているのが好きでないので、よく、わからないままに来た。しかし、今月のブラームスの『パガニーニ変奏曲』は気に入った。この曲の、こんなに、きいていて、楽しい演奏ははじめて。ソ連出のピアニストの、これといわれるほどの人たちはみんなすばらしい腕の持主で、彼女も、その点で申し分ない。だが、この人の音楽には、その上、はじけるような弾力性と、若々しく新鮮な〈歌心〉がある。その上に、もう一つ、音色の変化の多彩さ。まるで十九世紀フランス印象派の絵みたいな華麗な音色の変化。こんなにきれいで楽しい『パガニーニ変奏曲』がありうるとは思いもよらなかった。ブラームスが、こんなにきれいでいいのかしらん？　と、いいたいくらい。

前置きが、やっぱり、長くなりすぎてしまった。本題に入ろう。

イーヴ・ナットの名は、今の人にどのくらい知られているかしら。でも、ピアニストなら、少なくとも、その評判はきいていたろう。

それに彼は、日本の戦前から戦後しばらくのピアノの大教師だった井口基成さんがパリにいった時についた先生だったし、ひところは井口さんの弟子は、日本中に、いっぱいいたのだから、話ぐらいはきいてたろう。

こんどそのナットのひいたベートーヴェンのピアノ・ソナタ全曲（全八巻）が出た。

といっても、これはかつてＬＰで出ていたもののＣＤ化である。ＬＰの出た当時だって、彼のベートーヴェンは高く評価されていた。ただし、ピアノの専門家の間での方が、一般の音楽好きとか、それから多くの批評家とかの間での人気より、高かったように記憶している。一般には、ケンプとかバックハウスの方が人気があったのではあるまいか。私も、ケンプやバックハウスのベートーヴェンを尊重しないではない。でも、こんど改めてナットをきいてみて、つくづく思ったのだが、好きとか嫌いとかいうのではなく、きいていて、自然に頭がさがるような気持になるのは、むしろ、このナットであり、ソロモンであり、それからゼルキンなのである。

どういうところが良いかというと、ベートーヴェンの音楽のもっている——全く独得の精神性の高さと作品の構造の隙のない堅牢さを、音として実現している点で、この人たちは、ほかのピアニストより先きの方までいっているからだ——と、思う。

たとえば、ナットが『ワルトシュタイン・ソナタ』をひく。私たちが、ふだんききなれているのより、第一楽章は速めのテンポで出発する。きれいに、全く整然とそろった和音の連打で。そのうち、第一三小節で一段落して、少し前とは違った形で、再出発する。そうして、だんだん、はじめは目に見えないくらいの変化で加速するのだが、やがて、二八小節で*f*、*sf*、*sf*、*sf*と並ぶ強打の連続があったあと、突然デクレッシェンドに変り、いったん*p*に達すると、今度は両手のスタッカートで上ってきて、ホ長調の第二主題に入ってゆく。

　この一連の音楽の流れは——それこそ、「古典的な」までにベートーヴェン的なものだ。誰がひいたって、同じようにする。ベートーヴェンの音楽は、土台、逞しく強力なドミナントの支配力を確立したあと、主音に入ってゆく音力の運動を最大限にまで実現した音楽である。だが、彼は、それでもって——この『ワルトシュタイン』は一例でしかないが——いつも5度上に転調するのでなくて、5度の中に、3度の転調を混ぜながら、音楽に変化を与える。その時、ハッとするようなことが起る。

　両幅をガチッとした堤防で抑えられたために、ものすごい力となって流れてゆく音の奔流が、いつの間にか、違った色のものに変る。

『ワルトシュタイン』なんか、いろいろと変遷したあと、もとの調性に戻る時の必然性を、どうやって強力なものにするかの標本みたいなところがある曲だが、それでいて、いろんなところで、意外なことがおこるよう設計されているのである。

　この両方が、どちらも、ちゃんと、音になって出て来ないと、この曲は、何か図式通りの型にはまったつまらない曲になってしまう。事実、そういう不発弾みたいな演奏が少なくない。だが、ナットは違う。ナットでは、この両方がちゃんときける。第二楽章から第三楽章に入る時も、その目ざましい一例。はじめに主題が左手でひかれながら出た時は、「あ、これは知ってる通り」と思う。それでいて、つぎに、センプレ・

*pp*の右手のオクターヴで、主題がくりかえされるころになると、この同じふしが、旋律としてきれいに歌われてくる。そうして、同じふしがハ長調になったりハ短調になったりして「遊ぶ」のにつられて、こちらの気持も少しずつ、うきうきして来る。それが全部、*pp*の領域の中で、ごく少し大きくなったり、小さくなったりして、――まるで手まりでもついてるみたいに遊んでいるうちに、右手がG音の上でトリラーをはじめ、左手が俄然ものすごい勢いの*ff*で音階をかけ上ってくる……

私は、ナットの演奏を、一回だけ、パリできいた。ナットという人は、ピアニストであるより作曲家でありたいと望んでいたそうで、一時、演奏活動をやめていたのだそうである。私がパリにいったころは、その彼が再び公開演奏家として復活して何年にもならないころだったらしい。会場はよく覚えていない。テアトル・ド・シャンゼリゼーだったかしら？

このベートーヴェンの『ワルトシュタイン』と、それから『月光の曲』をきいた覚えがある（あとは何だったかな？）

『月光』は、第一楽章があんまりおそくなく、第二、第三と進んでいっても、極端にテンポが上るというような図式（私の最も気に入っているソロモンはこうなのだ）ではなかったように覚えていた。しかし、こんどCDでききなおしてみると、たしかに第一楽章は、ソロモンほどにはおそくない。しかし、それでも、たっぷりした気持ののったテンポであり、終楽章も、決して、速くなくはない。特にフィナーレを開始する分散和音の主題は相当の速さで迫力充分の出発ぶりである。ただ、第二主題に入ると、かなりたっぷりした時間をかけた演奏になり、何か、ほかの人にきかれない情趣が漂ってくるのに気づく。

それと、ナットのフォルテの逞ましさ。これが、また極めて印象的なこと。私は忘れかけていたので、きき直して、改めて確認した。そういえば、昔、井口さんが、ピアノを教えながら、指が鍵盤の底までちゃんと届いているようにひくことを指示し、キーの表面だけを滑ってゆくようなひき方を戒めていたことを思い出す。ことにfには、それでもってピアノの全体が共鳴し、響くような力強さを求めていたものだった。事実、彼は、自分で演奏する時も、全力をつくしてフォルテを鳴らすのを心がけていた。だが、悲しいことに彼のフォルテは、いつもきれいに響くとは限らず、かなり濁った音になってしまうことがあった。彼は、自分でもそれに気がついていたと思う。だが、だからといって、別のやり方をするのでなく、全力投球でfをひくのを、改めなかった。たとえ、少々きたない音になろうとも。

それを、私は、ナットのCDをきいていて、まざまざと思い出した。ナットのfは、実に強い。時には、耳にきつく、痛くなったり、音が割れたりすることもなくもない。これは、たとえば作品二の三のソナタのような初期の曲だと、実にはっきり出てくる。

特に、バスのfなど、バーンとこちらの腹の底まで届いてくるような音である。

ベートーヴェンは、正に、こういうピアノをひいたのではあるまいか。少なくともチェルニーはそう言ってる。ベートーヴェンのピアノは音の粒が不揃いだったり、濁ったりし、間違いもよくあった、と。

音が逞しいのは、ただ響きの問題として終るのではない。それは、音楽の性格を築くための素材として死活問題といってもいいくらい、重大な問題なのだ。

こういう音でもって、ナットのひくベートーヴェンで、いちばん私が感心するのは、後期のソナタたちである。作品一〇一以下、あの現実の出来事として今目の前で生起している音の流れ、音の城の姿でありながら、同時に、想像の世界での幻の像をみているような、経験に私たちを誘いこんでゆく後期のソナタ群には、どこまでが現実で、どこからが幻影の世界だといいきれないようなものが展開される。それを、ナットできくのは、めったに経験できない出来事となる。作品一一一のあの崇高な変奏曲で、バスが風の前に波が高く上る一方で、はるか地平の彼方から深い海鳴りのような響きがきこえてくる時、さすがの私も、もう自分の耳にしているものを分析的に語る気持がなくなる。また、その必要もないのである。

作品一一〇の「嘆きの歌」とフーガ──「だんだんに元気をとりもどして」──との交代もすごいし、作品一〇六『ハンマークラヴィーア』の終楽章も……

もっとも、『ハンマークラヴィーア』のあの歌のきこえるアダージョは、やっぱり、私にはソロモンの超絶的なおそさが、ある絶対的なものを啓示するとして、かけがえのない演奏になっているけれど。

こうしてみると、私にはベートーヴェンのソナタとなると、イギリス人のソロモンとフランス人のナットの二人の方が大切らしい。どうしてかしら。もちろん、ゼルキンはチェコ人というよりドイツ音楽の系譜につらなる名手である（そうして、私は彼の謹直な敬虔なベートーヴェンは大好きである）。それに、私は正直いってシュナーベルを、まだ（！）、よく知らない。彼だけは、ついに、一度も実演をきいたことがなかった。そのほかの人としては、独墺系では、ナットとはまるで違うが、やっぱりグルダがおもしろい。彼は、ベートーヴェン演奏に本当に新しいものを、つけ加えたのではないか。

ナットのベートーヴェンは、要するに、音楽の尊厳というものを伝えようとしている、類の少ない演奏といってよいのではないか。誰だって、ベートーヴェンの後期をひくとなれば、そういう気持ちになるだろう。しかし、ここまでいった人は本当に少ない。それにナットは、作曲に心を傾けていた人だけに、音楽の急所をしっかり抑えた演奏をするが、ハッタリというものをあまりにもやらない。これが、とかく、人々が彼を大勢の素人（しろうと）より、少数の玄人（くろうと）向きの名人と呼ぶようになった原因だったのだろう。

ソロモン／『ピアノ・ソナタ集』

CD／エンジェル　ORG3014〜7

長い間待ちのぞんでいたソロモンのベートーヴェンのピアノ・ソナタのCDが出た。実にうれしい。

昔——あれは今世紀三〇年代のことだから、今からもう六十年前の話になる——アルトゥール・シュナーベルのベートーヴェン・ピアノ・ソナタ全曲のセットが出た時、私たち日本人は、みんな、あのレコードをきいて「ベートーヴェンの何たるか」を改めて経験したわけだった。あれは本当に一つの巨大な「音楽の世界の啓示」を意味した画期的な出来事だった。あのレコードは発売数が何とかで、そのうち日本で売れた量数が何とかという話をいつかきいたか、読んだかしたけれど、日本人のベートーヴェン受容史を語る場合、あの「シュナーベルのベートーヴェン」をぬいては語れないといっても誇張ではない出来事だった。

以来、しかし、ベートーヴェンのピアノ・ソナタのレコードは、全曲盤のセットだけ拾ってもずいぶんの数になる。バックハウス、ケンプ、グルダ、クラウディオ・アラウ、アシュケナージ、ブレンデル、バレンボイム、イーヴ・ナット、園田高弘……それから、ギレリスのすばらしい演奏できけるCDはもう一息で全曲盤になる直前までいっていたのに、本当に惜しいことをした。ゲルバーも、それに近いのではなかったかしら。もっとも、彼は生きているから、そのうち全曲になるのだろう。

こういった全曲盤の偉業をなしとげたピアニストたちはそれぞれが、ほかの人では代わり得ないすばらしい点をもった人たちである。私は、そこから、どのくらいたくさんのことを教えられたかしれない。また、どのくらい、いろんな楽しみ方をしたかも数えきれない。

そういう中で、しかし、ソロモンのベートーヴェンは、——残念ながら、これも全曲を録音する過程で悲劇的な病気のために、不完全なまま、終ってしまったのだが、それでも今残されているものだけでも——私には、格別になつかしいものになっている。

私の今まで持っていたのはLPであり、私はそれを宝物のように大切にしてきた。そうして、LPの運命で、何回もかけるうちに次第に磨滅し、針の音が耳につくようになるのを、一方では限りなく哀しく思いながら、「それでもきかずにいられないものはきかずにいられないのだから」と自分で自分に言い訳しながら、きいてきた。私がソロモンのレコード、それもベートーヴェンのソナタを二十曲たらず入れたアルバムを手に入れたのは何年のことだったろう？　たしか六〇年代のことのように思うが。はじめは、『悲愴』や『月光』の入った古レコード。それから、後期のソナタ全部の入ったアルバム。

一枚もののころは、私はまず『月光』をよくきいた。ソロモンの『月光』は、私にはほかの誰よりも気に入った。いや、彼のひくのが「私の月光ソナタ」だったのである。

それは実におそく、そうして静かに始められ、おそく、静かに終る、第一楽章だった。その間、ほんの少しテンポが速められたり、ほんのわずかのクレッシェンドの個所がないわけでもないのだが、それがあっても、いや、そういうものがあればあるだけ、よけいに、全体として——昔から多くの人々が感じてきた通りの——心を鎮め、きよめ、慰める働きにみちた、神秘な瞑想と深々とした呼吸の音楽になるのだった。それから、第二楽章、第三楽章と次第にテンポを上げ、表現に烈しさをましてゆくのも型通りの演奏なのだが（これはイーヴ・ナットのはじめが比較的速く、終りが過度に速くない演奏と正反対でもある）、それでいて、少しも陳腐にも単調にもならない。

私が思うに、ソロモンとシュナーベルの違いは、シュナーベルのより知性に傾いた行き方に対し、ソロモンは知性と感性のバランスに立つ演奏だったといってもいいのではないか。

シュナーベルのころ――つまり今世紀初頭に教育を受け、今世紀の前半に活躍したエトヴィン・フィッシャーとかヴィルヘルム・ケンプとかいったドイツ系のピアニストたちは、技巧より「精神」を重んじる傾向が強かった（フルトヴェングラーとかクナッパーツブッシュ、あるいはチェリビダッケといった指揮者たちもここに数えてもいいかもしれない）。指揮者には指揮の技巧というものはなくてもすませられるのかもしれないが、とにかく、今あげたドイツ系の音楽家たちは、音の美しさ、技巧の冴えといったものよりも、音楽に含まれた精神的内容、あるいは理性に裏づけられた構成感、論理性の一貫といったものの表現を重んじていた。もちろん、フィッシャーはこの人たちの中ではよりセンシブルで感覚的美しさを無視したわけではないけれど、いつもピアノの練習に毎日何時間も費やし、技術的なミスを忌み嫌うというのとは正反対のタイプだったらしい。「その点で例外なのはバックハウスで、彼は技術の万全を尊重した」といわれているが、今彼の残したレコードできくと、彼の「技術」というものは比較的きずが多い。これは、今きかれるレコードでは、主として彼の晩年の演奏によるものが多いからだろうか？　とにかく、これくらいのテクニックは、今のピアニストに珍しくない。また、ギーゼキングは、ドイツ系ではむしろ例外の音のきれいな人だったが、それでも彼の練習嫌いは有名だ。いや、彼は指その他の肉体的練習で毎日多くの時間を費やすより、「頭脳の訓練に力を入れ、楽譜を一目みたら、暗譜できるくらいになるのが大切だ」という教育を受け、終生それを実践していた。これは、彼の先生のライマーの本にそう書いてあり、彼自身もそう書いている。

また、ケンプも、若いころは練習嫌いで有名だったが、戦後しばらく不遇だった間に、猛烈に訓練をしたので、そのあと復活してからは、見違えるほど「きれいな音で、美しくひけるようになった」といわれたものである。

こういう人たちに比べると、ソロモンは、前述のように知性と感性が見事にバランスした名手だった。これは彼が、イギリスで神童時代の教育を受けたあと、しばらくして行きづまりを感じ、フランスにいって、ラザール・レヴィとシモン・ルムシスキー〔Simon Rumschisky　この人のことは私は全く知らない〕についてテクニックと解釈を学び直した（特にフランス楽派の考え方をとり入れた）といわれているのと関係があるのではないかと思う（私は、このことを今度でたCDにつけてあるクリンプ〔Bryan Crimp〕のライナーノートで知ったのだが）。

たしかに、ソロモンでは音に無理がなく、優美といっていいばかりでなく、音楽の運びそのものが、まず、流暢で、始めから終りまで、わざとらしいものがなく、流れる。しかも、ベートーヴェンをひく上で、当然求められる強い精神的な緊張力にも欠けていないのである。

私は、ソロモンのひいた若いベートーヴェンでは、作品二の三、ハ長調ソナタが好きである。これは今いった流れが自然で、しかも力強く、音色の変化に欠けていないし、論理の上でも一貫しているので、きいていて実に気持が良い。そこには、まだ若いベートーヴェンらしい覇気満々たる気魄がみちあふれているのである。

また作品三一の二『テンペスト』。これはまれにみる名演だと思う。私が、この曲のレコードでは、シューマンの『幻想曲』と組合せになっているリヒテルのものを、高く評価していることは前に書いた（「シューマンの《幻想曲》他」『ホロヴィッツと巨匠たち』河出文庫、所収）。こんなに恐ろしいほどの緊張に満ちた劇的な演奏は、リヒテル以外誰からもきけないのではないかと思われる。はじめのあの下から上ってくるゆっくりしたアルペッジョをきいていると、胸が苦しくなるくらいの緊迫感がある。きくものは、何か「巨大な劇的光景」を目の当りしたような気持になる。ドストエフスキーとか、レンブラントとか、あるいはシェークスピアとか、ヨーロッパの芸術の流れの中でも特別の巨人的芸術家の作品でしか出会えないような大きさをもった音楽になっている。

はじめてきいた時は、文字通り圧倒され、そのあとも何度も何度もきいては感心しているのだが、しかし、私は、時々、この曲は本当にこんなに大きな曲なのかしら？と思うこともなくはない。「誇張されている」というのではないけれど、しかし、何かがどこかで、少し拡大されている絵をみているような気がする場合がある。

　今度、ソロモンのCDが出たのを機会に、この『テンペスト』をきき直してみたら、私は「ここにこそ、等身大の演奏がある」という気がした。これだと安心してきいていられる。しかも、はじめから終りまで、ピンと強い糸を張ったような、純乎として劇的緊張で貫かれているのである。ソロモンでは、第一楽章と終楽章が比較的速くひかれ、あのリヒテルの地獄の底から風が吹いてくるような、すごい気味の悪い始まりとは趣きが違っている。さまざまの劇的な波瀾はあるのだが、一方で、高いところで、そのすべてを鳥瞰し、行く先までしっかり見通しをつけた上で、テンポでもダイナミックでも、和声の流れ、テーマの展開といったすべてがしっかりと配置され、実施された――あんまり巨大でない――見事な宮殿のような音楽になっているのである。

「どうしてロシアの音楽家たちは、ドイツ音楽を、とかく、誇張してひくのだろう？」という言葉を、私はどこかで読んだ覚えがあるのだが、それをソロモンをきいていて、改めて思い出した。

　もっとも、ロシアのピアニストと一口にいってしまってよいかどうか。リヒテルにも、ほかに、すばらしいベートーヴェンがあるし、ことにこのごろ時々、昔のライヴの録音による若いころのモーツァルトのソナタがCDで出てくるが、それらの大半はとてもいい。しかし、中には、モーツァルトとしては、やっぱりすこし「大きすぎるのではないか」という気がするのもある。

同じロシアのピアニストといえば、ギレリスのベートーヴェンはとてもよかった。彼が死ぬまえに入れた最後――あるいはその中の一枚――のベートーヴェンの晩年のソナタ（例えば、作品一一〇、変イ長調）など、私は今でも、きくたびに胸が痛くなるほど感動する。

今度ソロモンのひいた晩年のソナタもCDの別のセットで出たが、これも素晴らしい（ベートーヴェン『ハンマークラヴィーア』他　EMI―TOCE8360）。特に作品一〇六の『ハンマークラヴィーア・ソナタ』！　この曲でこれ以上の演奏はちょっと思い出せない。ことに第三楽章のアダージョ・ソステヌートは、ほとんど「神々しいくらい」と呼びたい演奏である。『月光』の第一楽章を思い出さずにいられないくらいの「おそさ」であるが、おそいだけでなくて、それをきいているうち、心身ともに浄化されたようになる。その上、このアダージョでは、『月光』になかった蠱惑にみちた夜の音楽がたっぷりくりひろげられるのである。ほとんど誘惑的なまでに官能的な装飾音の長い長い流れは、ショパンのほかにかつてどんな音楽家も書いたことのないような、心の鼓動をそのまま伝えながら、魂からまっすぐに流れ出されてきた「歌」である。こんなに官能的で、しかも、精神的なアウラの漂う演奏は、シュナーベルにもリヒテルにもなかった。しかも、この演奏の良さはそれだけで終らない。アダージョが終って、そのつぎにくるあの巨怪といっていいほどのフーガをもった終楽章へ入るラルゴの経過部の演奏では、幾つも、さしはさまれた休止符つまり「沈黙の音楽」がきかれる。これがまた、すごいのである。と同時に、私たちはあの『テンペスト』の第一楽章がよかったのは、ここにあるのと同じ根から出てくる絶妙の静けさの扱いが随所に出現し、きかれていたからだったと、改めて、悟る。

この「休止」の合間をつくる呼吸のすばらしさと並んですばらしいのは、ベートーヴェンの特に晩年の音楽のいたるところにちりばめられた*p*、*pp*、あるいはドルチェやセンプレ・ドルチェの深い意味のこめられた弱音域の注目すべき表現の真実味のこもった巧みな扱いで、これも『ハンマークラヴィーア』における、ソロモンの演奏の美しさと力強さを一層際立たせている。

あと、幾つものソナタの名演については、ひとつひとつふれる余地がない。ぜひ、読者に御自身でためして頂きたいと思う。

四〇年代から五〇年代半ばまでのモノーラルとステレオをCDに直したものだから、音の質は、最新のものと同じではない。しかし、かけがえのないピアニストの最高の出来を含む演奏を永久に伝えるには充分以上の録音になっている。作品二七の一、変ホ長調ソナタなど、平均以上の音の質といっていいくらい。

ヴラダー／ピアノ・ソナタ第3番、他

CD／カメラータ　32CM127

今月は新譜と再発売をあわせて、楽しいCD、LDがかなりたくさんあった。そのなかから、私が特別の関心をもってきいたのは、三点。

ひとつはグレン・グールドの指揮した『ジークフリート牧歌』（他　CD／ソニークラシカル―SRCR9571）。これは彼が死ぬ直前に残した、文字通り最後の録音で、十三人の小人数の編成にきりつめた版によったのだそうだが、今までどんな人の指揮でもきいたことのないような演奏。いや、今後も、多分、こんな『ジークフリート牧歌』は二度と生れないのではあるまいかと思われる。異常におそくて、ワーグナーの書きこんだすべての線――というより、音楽の繊維がすべて生きた言葉として語りだしたような、不思議なポリフォニーの音楽になっている。弦より管楽器の方がはるかに多いので、音色の点でも、まことに注目すべき響きがきこえてきて、《シェーンベルク楽派の祖としてのワーグナー》をきかされているようなもの。しかも、ただならぬ魅力をたたえた音楽なのだ。天にも地にも、たった一つしかないCD。

もうひとつはベルティーニがケルン放送交響楽団を指揮したマーラーの第七交響曲（CD／EMIクラシックス—TOCE 8543～4）。マーラーの音楽は、このごろはやたらと出てきて、食傷気味だし、ここで特に上げるまでもないと思っているのだが、ベルティーニのマーラーは、何年か前大阪フェスティヴァルで、第九をきいてとても感激したので、ついきいてみる気になったのである。それも、中間の三つの楽章だけでもと思って。

そうしたら、いかにもロマンチックな味わいの《夜の音楽》が響いてきた。ロマンチックというだけでは、誤解されるおそれがあるけれど、十九世紀風のロマンチックな演奏というのでなくて、やっぱり現代のそれである。だが、このごろ始終きかれるマーラーとは一味違っている。今は、これ以上書かないけれど、興味のある方はぜひきいてみるようおすすめする。それに、第七交響曲ともなると、マーラーのオーケストレーションは、それまで以上の精妙さを加え、いろんな楽器に全く独自の使い方がみられるし、その楽しみもここにはある……

ところで、今月私の書きたいのは、シュテファン・ヴラダーというピアニストがベートーヴェンのソナタ三曲を入れたCDのことである。

何から書いたら、いいかしら。まず、この人はウィーンの生れで、ウィーンの先生について勉強し、一九八五年の国際ベートーヴェン・コンクールで優勝したのだそうである。その時二十歳だったというから、一九六五年の生れということになるのだろう。

ウィーンから、こんなに優秀な青年ピアニストが出てきたのは、本当に、久しぶりじゃないだろうか。

いちばんの特徴は、テンペラメントの豊かさだろう。ベートーヴェンの作品二の三（第三番、ハ長調）のソナタをきいて、まず、そう思った。

私は、一九六八年アルゲリッチがベルリンにデビューした時、たまたま、そこに居合わせてきく幸福に恵まれたのだったが、あの時も、彼女はこのソナタをひいた。

ヴラダーの演奏をきいて、そのことを思い出した。アルゲリッチはベートーヴェンが特に得意な人ともいえまいが、あの時の彼女の作品二の三の演奏は、例の痛いくらいの鋭いタッチで若いベートーヴェンの覇気に満ちた音楽を料理していた。その勢いの良いこと、まさに、天馬空をゆくような趣きだった。

ヴラダーのピアノの音は、彼女のそれみたいな鋭さとはちょっと違うようだが——

私は彼の実演をきいてない。来月の始めには東京でリサイタルがあるので、それをきいてから書けばいいのだが、例によって、私はそれを待ってからやるという慎重さよりも、ここでこういう若々しく鮮やかな音楽づくりをやる青年について書く楽しみの方を、つい、選びとりたくなってしまうのである。もちろん、実演もぜひきいてみたい――、音楽のタイプも、同じではない。けれども、非常にカラフルでテンペラメントにみちた演奏をするという点では、共通している。その上、なみなみならぬテクニックの冴えもある。

だが、この人はウィーンの生れ、ウィーンの音楽環境の中で育ってきた音楽家だ。だから、いろんな節々で、伝統的なひき方を受けついでいる点に気がつく。私はオヤッと思ったりもする。たとえば、フレーズの切り方が非常にオーセンティックで正確なので、ベートーヴェンをひく上で重要な、音楽の構造がよく浮き上ってくるのは、当然なのだが、その時でも、音階を勢いよく下りてくる時に、その前に最高音で一息いれ、ほんの少しばかり、アクセントを加えてから、下降するとかいった点があるのに、あくまでも、和声の流れの変化とテンポの加減とは正確に一致していて、形を崩さないのは、恐らく、伝統的な教育のつみ重なりの線の上にのった育ちの現われなのだろうと推察する。

それはウィーンで育った音楽家にとっては当り前のことだろう。ただ、その一方で、彼らにとって、こういうものが一種の枠となってしまっていて、結局、おとなしいというか、品は良いけれど生気の欠けた演奏をするようになりがちに見受けられるのに、このヴラダーはそうきこえないのである。

　作品二の三では、前半の第一、第二楽章はどちらかというと正確で均整のとれた演奏になっているのに、後半の第三、第四楽章になると、その正確さの上に、ブラヴーラが加わる。第一テンポも速い。スケルツォなんか胸のすくような速さ。終楽章もそう。第一主題の６の和音の連続するスケールも速い。だから、それに続く十六分音符のパッセージなど目がまわるくらい。それでいて、フレーズははっきりし、和声のうつり変りもよく流れながら、響いてくるのである。

　こんな点で、アルゲリッチを思い出させたのだが、もしかしたら、彼女のは、もっと速くて勢いが良かったかもしれないが、音楽として、ヴラダーの方が楽しみが多いのではないかしら。

　彼女には、テンペラメントが豊かなだけでなく、その上に、きく人の気持をひきつけるものがあるのである。

　それは何かしら？

　ＣＤには、作品二の三のほか、作品一三『悲愴』、作品二八『田園』ソナタが入っている。作品二八も、速くはじまる。私はこの曲はもう少し楽々としたテンポできき なれているので、はじめびっくりした。

　これも昔の話で恐縮だが、かつてカラヤンがベルリン・フィルを指揮してやったべートーヴェンの第六交響曲『パストラール』をはじめてきいた時、それまでフルトヴエングラーばりのゆったりしたはじまり方に慣れていた私はびっくりして、「これじゃ車にのって田園をかけまわるようなものだ」と思ったものだが、ヴラダーの作品二八のソナタの第一楽章もこのカラヤンの線にのったものとしてきこえる。その上に、この楽章では、展開部に入ってから、また一段と迫力がまし、劇的な緊張がめったにきけないくらいにまで高まる。

だが、その中で、楽節の節々で、テンポにごく小さな変化があったり、アクセントをおくまえに、短い休止がはさまったりしている。しかも、それはちっとも気にならないどころか、こういうものが音楽に「生気」を与えているのである。

第二楽章も、音のきれいさが印象的。第三楽章のスケルツォは例によって大変な速さだし、トリオもその速さでおしきってしまい、すがすがしい。終楽章は作品二の三の場合と同じく、速目で、いたるところきく人に、八分の六拍子のリズムの快感を満喫さす。こういった具合だから、「ベートーヴェン・コンクール」に優勝したのも無理はないし、ひさびさでウィーンに出た天分にとむピアニストとして、模範生的存在ということになるのかもしれない。

だが、どうも、それだけでもないらしいのだ。

このベートーヴェン・ソナタのCDと同じ月に『モーツァルト・アルバム』も出た。

ソナタ第五、第九番のほかに『デュポールの主題による変奏曲』だとかニ長調のロンドＫ四八五、ロ短調アダージョＫ五四〇だとかが入っている。こういう曲だと、何かいじってみる余地なんてないわけだし、ひき方にも特筆すべきものはあんまりない。それでいて、全体がとても新鮮に響くのである。いままでさんざんきいてきた曲ばかりなのに。そうして、健康というか、妙にこったり、わざとらしい個所もない。中ではロ短調のアダージョが、深刻そうなくせに、あんまり深い感銘を残さないで終ってしまうのが普通なのに、このＣＤでは、何かいっぱいいろんなことが起った手応えが残る。なぜかしら？

実はもう二枚、ヴラダーのＣＤをきいた。

一枚は『交響的練習曲』ほかシューマンばかり。これは、ポゴレリッチの演奏の独創性はないけれど、主題からして、こまかな変化があって、じっくりきかせる演奏。一九八八年のＣＤである。

もう一枚は一九八九年のウィーン・ムジークフェラインザールでの独奏会のライヴ録音だそうだが、ベートーヴェンの『月光ソナタ』、シューベルトの『さすらい人幻想曲』、ショパンのソナタ第三番その他が入っている。この三曲をきいてみたが、やっぱり、並々ならぬ才能の持主であることがわかる。あの大ホールに満員の客を集めたとあるから、ウィーンでの人気が高いという話も本当なのだろう。

このライヴできいたところでも、おそいところはちゃんとひかれているが、特徴はやっぱり速い楽章。シューベルトはもちろん、ショパンのソナタのスケルツォだとかフィナーレのプレストなど、速くて、しかも音の粒がひとつひとつ磨かれきれいにそろっているだけでなく、レガートで音と音との間が隙間なく、ぴったりつまって流れているのが、本当に見事である。

はじめに、私はアルゲリッチのベルリン・デビュー当時の思い出につなげてヴラダーのことを書いた。彼が、果してアルゲリッチ級の人かどうかは、これから実演をきいてみないとよくわからない。けれども、そういう期待をもたせるものが、彼にはある。私がいちばん強く、そうしてじかに肌身に感じるのは豊かな「テンペラメント」である。卓越したテクニックの新人は少なくないけれど、本当に「音楽的テンペラメント」の閃めきを感じさす人は、そうざらに出て来ない。

ゲルバー／ピアノ・ソナタ第8番『悲愴』、他

CD／デンオン　COCO75996

　ブルーノ＝レオナルド・ゲルバーのレコードがしばらく途絶えているのはなぜかしら、と少々淋しく思っていたら、DENONから出てきた。ベートーヴェンのソナタが四曲、作品一三の『悲愴』、作品四九の二、作品一〇の一、それから作品二の三である。作品四九の二のソナチネといってよいような小曲を除けば、あとはどれもハ調の曲だけあつめてある。はじめの二曲がハ短調。最後のがハ長調。日本コロムビアの人の話では、何年かかるか、とにかくベートーヴェンのピアノ・ソナタ三十二曲の全集を出すところまでやるのだという。

　吉報である。ベートーヴェンのピアノ・ソナタの全集を出すというのは――これまですでにいろいろなピアニストがなしとげたことではあるが――いつだって、一つのモニュメンタルな偉業である。ゲルバーも、とうとう、それにとりくんだのか。もう、

そういう年齢になったのか。と、この話をきいた時、考えた。

ゲルバーがベートーヴェンのレコードを入れるのは、これが初めてではない。ずっと前EMIからも何枚か出ていた。それにピアノ協奏曲も、五番と三番があり、協奏曲はソナタより、さきに出たのだった。今から二十年前、一九六八年の春、ベルリンでゲルバーのナマの演奏をはじめてきいた時、演奏会が終ったあとで、彼としばらく話をする機会があった。話のついでに、彼に「いちばんひきたい曲は何?」ときいたら「ベートーヴェンのピアノ協奏曲の四番、それから晩年のピアノ・ソナタ群。しかし、こういった音楽は、とてもむずかしい。ひけるようになるまでにあと何年かかるかわからない。しかし、それをひくというのが、私の終生の目標だ」と答えていた。私は、それを忘れることができない。本当にまじめな青年ピアニスト。ひたすら、音楽というものに自分を捧げている人間という印象を、話のふしぶしに感じられるとともに、その信念が彼の一挙一動からにじみ出てくるのだった。「晩年のソナタだったら、『ハンマークラヴィーア・ソナタ』はもちろん至難の曲だけれど、それより作品一一〇がひけるようになるだけだって、大変だ。作品一一一なんていったら、遥か遥か彼方に聳えている神秘の高峰であって、このソナタをひくのは、ヒマラヤに登るよりずっとむずかしいし数えきれないほどの問題を解決してからでなければ、とりかかることさえできない」ともいっていた。

そのゲルバーが、いよいよ、ベートーヴェンのソナタ全曲の録音にとりかかったというのだ。

何から出てくるかと思ったら、さきにあげたように、作品二の三、一〇の一、それから一三といったものである。こんな時、たいていのピアニストが、まず第一発に、作品一一一でないまでも、『アパッショナータ・ソナタ』とか『ワルトシュタイン』とかからはじめるのが当り前になっているのに、ゲルバーは作品二、一〇といったごく初期のものから出発する。二十年前のまじめさ、真剣さ、音楽を第一に考え、自分の功名心とか企業の思惑に絶対に左右されない態度、生き方は少しも変っていない。

ゲルバーには、南アメリカからヨーロッパの楽壇に彗星のように現われた時以来、彼の演奏には、ほかのピアニストでは、めったに味えない、何か光り輝くようなものがあった。みんなは、まず、それに打たれたのだった。私がベルリンではじめてきいた時はベートーヴェンでなくて、『謝肉祭』がプログラムの中心にあったけれど、その『謝肉祭』もただ、きらびやかで才気の閃めきと虹のような色彩の豊かさとで、きくものを魅惑するといった音楽ではなくて、重厚なタッチに支えられ、きき手の心の奥の方まで入ってくるような「精神的で詩的な曲」としてひかれていた。私は、ちょうどその数日前に、アルゲリッチをはじめてきいたばかりだったが、彼女のプロの中にはベートーヴェンの作品二の三のソナタがあり、彼女の鋭いナイフのようにすごい切れ味をもつタッチと、鋼鉄のように強靭で弾力性をもったタッチとが交錯するひき方に、強い衝撃を受けたばっかりだった。それにひきかえ、ゲルバーのは、シューマンをひいても、重くて厚くて、戦車みたいに、腹の底まで響いてくる音楽であった。

そのあと（十年？　十五年？）、いつか東京で彼がN響とラフマニノフの第三協奏曲をひいた時、私は彼が全身を傾け、全力をふりしぼって、ピアノと格闘しているような光景を目の当りして、改めて、彼の場合、音楽に生き、音楽とともに生き、音楽のために生きるということが、どんなに大きな犠牲をともなう、すさまじい精神と肉体の劇の裏づけをもって続けられているか、ということに改めて気づかさせられたのだった。

音楽はどうして彼にとって、犠牲をともなわずにはおかないのか。

今度のベートーヴェンのピアノ・ソナタのCDも、そのことを、語っている。ゲルバーは、現代に文字通り稀れな本格的な古典主義者なのである。いや、古典主義者という言葉は、現代に生きながら、現代性を顧みないで、昔の様式にかじりつき、その枠外に出るのを恐れる、外見は知的で冷静にみえても、内面的に貧しい人間のイメージを思わせるけれど、ゲルバーのはそうではない。ゲルバーは、むしろ、かつてのフルトヴェングラーに近い意味での古典主義者であり、両者は音楽の本当の力を信じている人間なのだ。だが、ゲルバーはフルトヴェングラーみたいにロマンチックではない。フルトヴェングラーのように、リズムを動かさずには、ほとんど一小節といえども前進できないような人ではない。ブラームスをやらせると、両者はずいぶん近くなる。しかしベートーヴェンでは違ってくる。フルトヴェングラーの第六（田園）交響曲をきく時、私のきき方はそのテンポのゆるやかさに、まず、ある疎外感をおぼえ、それからだんだんそれに親しみを感じ、同化されてゆくという経過をたどるのだが、それでも、たえずこまかく、神経質に動かされるリズムに、時々、こちらも神経質にならないわけにいかなくなる。

ゲルバーには、そういうところはない。彼のテンポは中庸であり、リズムは正確を土台とする。音楽は、正に、古典的充実と均整をもって、堂々と前進する。

だが、そういう基本の上で、ゲルバーは時にすごいものをきかせる。

こんどのＣＤの第一曲『悲愴』を例にとると、第一楽章の導入から主要部に入るあたりは、一見、どんな大家とも違わないような充実と安定性をもってひかれる。導入は文字通りグラーヴェであり、あのバロック音楽みたいな付点音符のリズム、特徴ある回音的な装飾、音階の下降など、こまかなfやp、クレッシェンドの扱いとともに、どれも、非の打ちどころのない正確さであり、小手先きの新し味は一切排斥されている。それは主要部に入ってからもそうだ。だが、第一主題の確保をくりかえしながら、第二主題に入ってゆく経過の部分に至って、音楽は俄然大きくゆれ出し、テンポも上ってくる。このあたりは、すごい迫力である。それまでが、正確そのもののような、抑制のきいたテンポであるだけに、この移りゆきにはデモーニッシュな迫力がある。

そう、このデモーニッシュな迫力。これがフルトヴェングラーとゲルバーに共通するものであり、それがベートーヴェンの音楽の最大の特徴の一つでもあるのだ。

テンポが増大したり、また正確なテンポに戻ったり、あるいはよりゆるやかなテンポに変ったりする。その時、テンポの変化に照応して、ダイナミックの上での変化が起き、音力が増したり（つまり強く、あるいは大きくなったり）、乃至（ないし）は逆にテンポがおちるのに比例して音力が弱まる。この両者の間には、二つの要素というのでなくて、もともと一つであったものを両面から知覚し、とらえることができるという関係があるのだということを、はっきり認識させる演奏。これが二十世紀前半の最大の指揮者フルトヴェングラーの芸術の偉大さの根本であった。そうして、この作品一一三をきいているうち、ゲルバーにもそれと同じ血が流れているのを、私たちは、発見するのである。

このデモーニッシュな迫力は、また、同じソナタの終楽章にもあるし、このＣＤに入っているほかの曲にも、存在している。作品一〇の一のハ短調の演奏はどの楽章も文句のない出来栄えだが、特に両端の速い楽章に、よりはっきり出ている。これも、フルトヴェングラーの指揮する第五交響曲に本質的に共通するものをもち、しかも、あの時ほど、細部にとらわれず、全体としてきくことができる安定性をもっている。このことは終楽章になって――指定のプレスティッシモに忠実に従って、ぐんぐんひいている中で――コーダになると、リタルダンド、アダージョと書きこまれているテンポの変化の扱いにも、みられる。テンポの変化が、ダイナミック（と音色）の変化と有機的に一体になって、大きく呼吸しながら、音楽を終極に向って動かしてゆくのだ。

ということは、フルトヴェングラーと同じように、ゲルバーの場合も、この変化が、頭と手でつくった「技術的なもの」でなくて、全身全霊で感じられ、作品と一体になった彼の内奥（ないおう）から出てきた演奏法の結果、こうなったということにほかならない。

作品二の三のハ長調ソナタだって、この点は少しも変らない。ただ、きくものにとっての衝撃的な迫力は、この曲では、一段と厚くなっている。

作品二の三曲のソナタの中で、ベートーヴェンはこの三番目のソナタに、オーケストラに匹敵するような幅と厚みを与えようとしたらしい。同じ音階でも、ここではオクターヴで書かれていることが多くなり、終楽章に至っては、三重、二重の音の重なりをもつ音階が主題となる。第二主題では、右手の旋律に対し、左手は単純なアルベルティ・バスでなく、ここでも重音をもつトレモロとして書かれていること、それから第一楽章の中で協奏曲みたいにカデンツァが書きこまれていることなどがその例である。

と同時に、テンポはアレグロ・アッサイに増大する。アレグロ・アッサイであって、作品一〇の一のようなプレスティッシモではない。だから、ひとによっては、ちょっと拍子抜けするくらいのテンポで悠然とひく場合もある。だが、ゲルバーは、作品一〇の一に劣らない、すごい速さでひき出し、ひき通し、ひき終える。特にコーダに入ってからの目ざましさは、ワルトシュタイン・ソナタを予感さすといって過言でなかろう。三重のトリラーの個所もあるし。

このソナタの演奏では、第一楽章にも、もちろん、ふれなければならない。第一主題と第二主題の間にはさまれたト短調の小さな挿話的な主題のひき方が印象的なのは、いっておきたいが、それ以上に目ざましいのは何といっても、協奏曲的な書法の扱い方である。それはまず、展開部の開始に当っての分散和音から、同じ展開部をしめくくり、再現部にもってゆく直前、ハ長調に安定するようにみせかけておいて、変イ長調に一挙に突入してくりひろげられる分散和音からこまかな音階、それからトリラーがあって、半音階で下降して、ついにハ長調の再現部に入るところで頂点に達する。このへんは、誰がひいても、ちゃんとしたピアニストである限り、きくものの注意を強くひきつける個所ではあるけれど、ゲルバーの演奏で味う緊迫感は、格別高い。これをきいていると、どんな人だって、ベートーヴェンその人を肌で感じてしまうのではあるまいか。

この曲では、ミケランジェーリの名演もレコードになっている。けれどもミケランジェーリだと、ここはすごくきれいではあっても、ゲルバーのような迫力と、それから、今、目の前ではじめてひかれているのをみるような即興性、音楽の誕生する現場にいるような迫真性はなかった。むしろ、それと正反対の、きれいに印刷された楽譜が目の前に浮んでくるような演奏だった。

ペライア／ピアノ・ソナタ第17番、18番、26番

CD／ソニークラシカル　CSCR8389

マレイ・ペライアというピアニスト、私は前からおもしろいと思ってきいてきた。しかし、私のきいたのは主としてモーツァルトであり、それもモーツァルトのピアノ協奏曲の独奏者としての彼だった。幾つかの協奏曲——たとえば第十八番変ロ長調K四五六の第二楽章で、まず管弦楽が主題を提示したあと、こんどはピアノがそれを引きとってひく。この時のピアノのこまやかな表情にみちた美しさ。これはほかのどんなピアニストでもきいたことのない繊細、清楚な抒情であって、きくたびに心が洗われるような気がしてくる。それから、ショパンの《即興曲》その他の入ったもの。それから、ラドゥ・ルプーと二人でモーツァルトの二台のピアノのためのソナタK四四八をひいたもの。この曲に関して、レコードとCDを問わず、表現の迫真性と歌の清らかさとの両面で、これ以上の演奏をきいた覚えがない。表現の迫真性というと、何

か強い迫力のあるひき方というふうにとられるかもしれないが、そうではない。むしろ、彼らの演奏はfよりpできかせるのだ。だが、そのpが弱々しい音というのでなくて、fよりもっと強く深く胸に迫ってくる表現になっているのである。

こんなピアニストとして、ペライアは私の中で生きてきた。それで、このところ彼がベートーヴェンの協奏曲だとかソナタだとかをひいたＣＤが、つぎつぎ、出て来たのは知っていても、すぐにとびついてきくという気にはならずにいた。好奇心がなかったわけではないけれど。

それが、いつぞや友人のみせてくれたＶＴＲで、ペライアがベートーヴェンのピアノ協奏曲第四番のソロをひいているのをきいて、びっくりした。とても、良いのである。彼は、ここでは、私がきく前に想像した、抒情的なピアニストというよりも、逞しく堂々たるヴィルトゥオーゾ型のピアニストとして、この曲をひききっている。

くりかえすけれど、ペライアなら、ベートーヴェンのピアノ協奏曲の中で選ぶとしたら、四番だろうという気はしていた。だが、四番こそ、ベートーヴェンの五曲の中でいちばんペライアの性に合った曲だろうとは思っていても、その四番のひき方、つかみ方は、私の予想をこえて、根本は大型のピアニストとしてのアプローチになっている。それでいながら、私がこれまでこのピアニストでなじんできた、あの正確で端然とひいていながら、何よりも「歌」と抒情を主とした行き方は変らない。ダイナミズムで圧倒するというのより、音のきめのこまかな美しさできくものの心を魅惑する点は、なくなっているわけではない。それに、リズムもしっかりしてる。

「それでは鬼に金棒ではないか」といわれるかもしれない。その通りなのである。私は、その演奏をみながら、唸(うな)った。ただし、残念ながら、それは何かからダビングしたものとみえ、映像の画質も優秀とはいえない上に、音質もあまり上等ではない。

もっとちゃんとしたメディアでペライアのベートーヴェンをきく必要があるなと、それ以来、私は考えてきた。

それで、最近出た彼のベートーヴェンのソナタ（十七、十八、二十六番の三曲が入っているものと、七番と二十三番の入っているもの）のCDを二枚きいてみた。

このうち、前者はあとから出たものである。私は、こちらの方からきいた。最初の十七番というのは、作品三一の二のいわゆる《テンペスト》のソナタであるが、これが気に入った。このソナタでは、大分昔の話になるが、ソ連のスヴィアトスラフ・リヒテルのレコードがあり、それは出だしのアルペッジョからして、すごい迫力のある演奏だった。まるで、地の底からひそかに上ってくる不思議な気配がするような開始の仕方であり、非常にゆっくりと上にのぼってくる。あんまりゆっくりなので、私など、はじめてきいた時、音の一つ一つを追っているうち、胸が痛くなってしまったくらいである。

こういう「ものすごい」ひき方にくらべると、ペライアのは、ラールゴのアルペッジョといっても、そんな超絶的なおそさではない。だが、それでいて、決して、あっさりしているわけではなく、アルペッジョそれ自体がすでに音楽の——手段ではなく——表現そのものになっているのがよくわかるひき方なのである。決して重苦しくはない。特に二度目のアルペッジョが、印象的だ。さらりとしているようでいて、いつまでも、耳に残る。このあと、アレグロの主題が来るが、これもリヒテルだと、アルペッジョと大きな対照をなしていて、すごい力で突進する。重戦車みたいな力強さなのだが、ペライアはそうではない。「歌」なのである。

といっても、ここでも私はペライアにつけていた「抒情家」というレッテルが、どんなに彼の一面でしかないかを、はっきり、知らされる思いがするのである。

これは颯爽とした若武者の突進のような演奏である。この第一楽章の演奏でおもしろいのは、提示部、そのくりかえし、それから展開部と、音楽が進むにつれて、いってみればダイナミックのレンジが増大する——というか、高揚するというか、音楽の幅が、波の次第に高まるように、広がりもり上ってゆくようにひいている点だ。だから、提示部の頭のアルペッジョにしても、最初よりくりかえしの方がおそく、かつ、一段と深い情感をこめてひかれているのである。

こういう高まりの中で第一楽章からつぎの第二楽章、終楽章ときき続けてゆくうち、私たちは、いかにこのピアニストがひところのあの繊細さからぬけ出して、ヴィルトゥオーゾ型のピアニストに逞しく成長してきつつあるかを実感する。

この点は、同じCDの第二曲、作品三一の三の変ホ長調ソナタになると、はっきり正面に出てくる。このソナタそのものが、前の曲の豊かな「詩的想念」にみちた性格とは対照的に、ベートーヴェン一流の真剣さとゴッゴツした足どりは失わないままに「力業」的な華やかさをもって、けんらんたる技巧の見せ場で飾られている曲であるだけに、このことはよけいはっきりする。この演奏をきいていると、これが名人型の人がひいたものだというのが随所でわかる。第一楽章もそうだが、特にスケルツォはアレグレット・ヴィヴァーチェという記号が指定してある。この二つの言葉のうちのどちらに重点をおいているかによって、この楽章の演奏はかなりちがってきこえてくる。ペライアは、まるでアレグレットという言葉がなくて、ただヴィヴァーチェとしか書いてないみたいにひく。とにかく、すごい速さでひきはじめ、ひき終えるのである。こういう楽章は、速く、だが一糸乱れぬ快速調でひくのでなければおもしろくないといわんばかり。

そのつぎのメヌエットの「優雅なモデラート」で一息入れ、それから終楽章。これはプレスト・コン・フォーコ。正に「火を噴くような急速調」である。ここでも、展開部に入ってからのダイナミックの増大はすさまじく、そこには「シンフォニックな風圧」とでもいうか、一段と重量感のました迫力がある。

このCDには、三曲目に作品八一のaのソナタ『告別』も入っている。これまで私たちのなじんでいたペライアが、いちばん強く感じられるのは、恐らくこの最後の曲だろう。これは、「哀感のしっとりとにじみ出るような」『告別』になっている。だが、ペライアという人は、そういう「情感」をいちばん正面に出す時期は、どうやらぬけ出たか、脱しつつあるようだ。この曲には、その名残りはたっぷりあるが、それは曲が曲でもあるところから、当然の話なのであって、ここで私が特に印象づけられたのは、拍節構造の仕組みがはっきり出てくるような、フレーズとフレーズの間で、ごく短かい休止——ともいえないくらいの一瞬の休みだが——をはさむひき方である。

この曲自体が、四小節が一区切りになっていたり、六小節、あるいは三小節になっていたり、実に複雑な拍節構造をもって書かれているのだが、ペライアの演奏はそれをはっきりきかせるようになっている。もちろん、彼ははっきり意識して、こうしてひいているのだ（一例だけ具体的に数字をあげておけば、提示部のくりかえしのあと展開部に入って、二小節のあと、七小節、四小節、四小節、六小節、四小節といった具合に書かれている）。

これも、これまでのペライアでは気がつかなかった点である。もっとも、それは私がうかつなきき方をしてきたのであって、これまでも彼は、そういう点を明確にわかるようひいていたのかもしれない。だが、とにかく、私は、それをこのソナタの演奏をきいた時みたいに、はっきりききわけられなかった。

ペライアのベートーヴェンのCDでは、この前、作品五七の『熱情』と作品一〇の三、ニ長調のソナタの入ったCDも出ていた（CS―32DC565〔廃盤〕）。しかも、日本で出たのは、この方がさきである。私は、今あげた三曲のCDのあとで、こちらをきいた。

『熱情』は、今いったヴィルトゥオーゾとしてのペライアの性格は、どんなきき手の耳にもあきらかなくらい、ちゃんと出ていた。ものすごい嵐である。しかも、どこをとっても、これ以上ないくらいの明確さでひかれていて、さっきいった拍節構造はもちろん、曲全体の構造も、はっきり浮び上ってくる。それに、音質の変化、音色の交代も、鮮やかに耳を打つ。

ひさしぶり『熱情』で胸のすく思いがした。


ペライアのCDでは、このほかにアマデウス四重奏団のメンバーと組んだブラームスのピアノ四重奏曲第一番、作品二五、ト短調も出た。この曲では、私はデムスのピアノとバリリ四重奏団によるLPでなじんでいた。ブラームスはピアノ四重奏を全部で三曲書いたわけだが、かつて同じ顔ぶれによるレコードが出ていて――もちろんモノーラルだったが――私は楽しくきいていた。それ以来、どんなレコードが出たのだったか、よく知らない。

だから、今度ペライアが室内楽のCDを出し、その第一発にブラームスを選んだというので、期待してきいた。悪くないと思った。

だが、室内楽奏者としてのペライアはどういうものであるか、もうちょっと別の曲もきいてからと考えているところに、アマデウス四重奏団のヴィオラ、ピーター・シドロフの死である。死んではどうにもならない。たとえペライアが今後ブラームスの四重奏を続けるとしても、当然、組合せは変るだろう。

だが、ブラームスのピアノ四重奏のCDということで、ついでにふれておけば、実はつい二、三か月前にS・リヒテルとボロディン四重奏団のメンバーによる第二番イ長調、作品二六が出ていた。これが、本当に素晴しいCDなのである。ライヴだというし、リヒテルのことだから、この曲を入れたから、あとの曲も入れるだろうなどと、簡単に期待したりしない方がいいのだろう。しかし、この曲のCDがあるだけでも、私は本当によかったと考える。これは近来での大きな収穫である。リヒテルは、室内楽の畑でも、ヴィオラのバシュメトと共演したショスタコーヴィチの『ヴィオラ・ソナタ』その他の名演を残してきた人であるが、今度のブラームスも、それと同じものがある。つまり、この人は大ピアニストでありながら、ソリスティックな名人としてのピアノをひくだけでなく、室内楽のピアニストとしても超一級の仕事をするだけの技術と、何よりも精神的な態度を持っているのである。

それでも、何年前だったか、ドヴォルジャークのピアノ五重奏のレコードを出したころは、「やっぱりこの人は大ピアニストで、なみの人とはスケールが違うな」と考えてしまうような重さがひしひしと迫ってくる演奏になっていた。そのため、曲そのものが、本来の在り方より、もっと大きなものになっていたといってもいい。

ところが、今度のブラームスでは、そんな憾(うら)みはほとんどなくなった。という以上に、第一楽章など、はじめはピアノは弦楽のかげにかくれて——とまではいわなくとも、弦楽の引き立て役に近いような、控え目なひき方で出発する。そう出発して、曲が進むに従って、次第にピアノが本来の役目をたっぷり果すようになり、さらにもっと大きなものになる。

第二楽章でもピアノは決して出しゃばらない。弦の主導する旋律の下で、それにひたすら仕えるかのようだ。だが、だんだん、音楽が進み、中間部の三十二分音符のアラベスクが虹色に光るのをきいていると、ここで精神的支柱となっているのはピアノなのだと、自ずと会得されてくる。

曲の全部を通じ、かつてのドヴォルジャークできいたような、管弦楽をきくような規模の大きさ、幅の広さがあるのでなく、むしろ時には渋味が強くかかった音色の音楽に聞えることが少なくないが、それだけ親密で、奥行のある滋味にとんだ音楽がきける。名盤というほかない。

ギレリス／『ハンマークラヴィーア』、他

CD／メロディア　BVCX4086

エミール・ギレリスの《ハンマークラヴィーア・ソナタ》のCDが出た。演奏会のライヴらしい。ライナーノーツをみても、何年どこでやった演奏会のライヴ録音か、残念ながら書いてない。

演奏そのものはもちろん、非常に立派なものだ。この曲については、ブレンデルだとかグルダ、それからもちろんアシュケナージ、その他幾つものCDがある。ポリーニの名技も忘れてはならないだろうし、日本の園田高弘の名盤もあるのは御承知の通りだ。そういう中で、私は古いものだがソロモンのCDが特に好きである。彼できくと、あの長大なアダージョが、全体として、ゆったりしたテンポで大河の流れるようにきこえるなかで、随所で浄らかな歌がきこえてくる。それから、低音の動きの中からひそかに、しかし力強さも失わない響きがきこえてきて、その味わいの深い多様性

には、いくらきいてもききあきない興趣がある。

今度のギレリスのCDも、それにおさおさ劣らない。これまた、実にゆったりしたテンポだが、それでいて、有名な、ショパンのノクターンみたいな装飾音がつまりそのまま歌になっている書き方のところなど、音の一つ一つがきれいに粒のそろった真珠の首飾りのような輝きをもって発音されているだけでなく、その輝きの裏に王者の如き、精神的ゆとりのような威厳があることさえ、伝わってくる。それに、このCDで改めて感じたのは、かつて私たちが実演できけたころの彼の演奏には（リヒテルほどではないが）「スラヴ的巨人性」とでもいった、好んで巨大な響きを敢えて求める傾きが、間々、うかがえたのに、このCDできく限り、《ハンマークラヴィーア・ソナタ》のように破天荒の大きさを持つ曲をひいているというのに、そういった敢えて大きさを求め、威圧的な効果を好むといった趣きが認められないことである。たしかにスケールの大きな演奏だが、それは曲自体が巨大だからで、これはこれで「等身大」の演奏なのだ。いかに大きくとも、ここから聞えてくるものはベートーヴェンの曲であって、リストのソナタでもラフマニノフのそれでもない。

終楽章は、これにまた輪をかけたようなききものになっている。このピアノのレパートリーの歴史の上で最上の難物といってもいいような楽章を、ギレリスは本当によくひいている。ポリフォニックな線の一つ一つが、実に整然と処理されているだけでも目を見張らせられるのだが、特に中声部の動きが生きいきとした表現になっていること。透き通るような川の流れの中で、何匹もの魚が泳いでいる光景をみるようだ。その魚たちは、ある時は整然と頭を並べて平行して泳いでいるが、ある時はそれぞれが違う方向を目指して交錯しながら動きまわっているかのようにみえる。その有様が、手にとるように、よく見え、よくきこえる。ベートーヴェンが、ひき手をこまらすためにわざと意地悪く音符を散らばせたようなところも、ギレリスは几帳面に、誠実に処理する。この中には、思いもかけないところに埋められていた地雷が、遠隔操作で、急に爆発するみたいにトリラーが、右手に、左手に、頻出するところがある。そういうところを、ギレリスが一つ一つていねいに処理しているのをきいていると、私は、思わず笑ってしまう。

それでいて、ただの几帳面な演奏、良心的技術屋の演奏に終らないのがギレリスの素晴らしさなのである。ここには、「音楽がある」。

この間から、ソ連・ロシア系の音楽家のことを書く機会が何度かあったが、私の彼らにもつ興味、関心の一つは、前に書いたように、彼らの（全部ではないけれど多くが）持っている、何か西欧の伝統と違う点である。しかも、それは単に変っているとか、異常だとかいうだけでなく、「音楽に新しいものを加える」というか「ほかにみられなかった新しい局面を開拓し、きり開いてみせている」という点にある。

これは、リヒテルにさえみられる。まして、ショスタコーヴィチの友だちだったとかいうマリア・ユージナ（彼女の《ディアベッリ変奏曲》！）のような人は、ロシアのピアニストの中でもまた特別の変り種といっていいのだろう。逆に、日本でも高く評価されているニコラーエヴァのような人の場合だったら、私は彼女のひくバッハ（《平均律クラヴィーア曲集》）には、感心はするけれど、全体のトーンが、もう西欧ではあんまりみられなくなったロマンチックな表情を土台にしたもので、一世代かひょっとしたら二世代前のものに共通するような「臭い」を感じてしまうのである。それでいて、ロシアのひとのおもしろいのは、たとえばサムエル・フェインベルグのような人。私は彼のことは名前でしか知らなかったが、一九九五年か六年か、とにかく少し前のCDで、彼がひくシューマンの《フモレスケ》とベートーヴェンのソナタ（作品七、作品二二、作品一〇九）などを初めて耳にして、実に新鮮な驚きを与えられたのだった。何かが、今まできき慣れてきたものと違う。しかも、実に密度の濃い音楽となって、心に響いてくるのである。《フモレスケ》など、こんなにおもしろくきかせる人は、ほかに誰がいるか、ちょっと思い当らない。

このごろは、かつてのソ連・ロシアのピアニストの――主にライヴ？――CDが続々出てくるので、私はとてもその全部をゆっくりきき通すことができないでいるのだが、つい最近もマリヤ・グリンベルグという人の演奏をきいた。何枚ものCDがいっぺんに届いたので、まだ全貌はとてもつかめない。だから本当なら軽々に書いてはいけないのだが、私がたまたまきいたスカルラッティのソナタ（L一〇四、四一三）でいうと、ごくおとなしいひき方である。何十年か前、戦後のある時期（五〇年代から六〇年代にかけて?）、バロックの音楽流行の兆しがようやく世界的拡がりをみせ出したころ、こういう素直なスカルラッティが爽やかにきこえた時期があったことはたしかである。でも、そのころでさえ、すでにクララ・ハスキルはいうまでもなく、ホロヴィッツのような人が一面では粋で、おしゃれで、それだけに、うっかりさわるとこわれそうな華やかなもろさとでもいった面もあわせもつ——そう、いってみればフランス・ロココのブーシェかフラゴナールの絵画みたいな——スカルラッティをきかせていたのである。そこにミケランジェーリのスカルラッティも加えて考えてみたら、このマリヤ・グリンベルグのは、教室的といったら悪いけれど、やっぱり開かれた広い世界とは壁一つで仕切られた土地でせっせと耕されていた芸術のように、聞えるのである。決して悪くはない。それどころか、かなり上質の演奏。しかし、こういう演奏が主流になったとしたら、ピアノ演奏という音楽の世界も、うっかりすると、「生け花」か「茶道」の世界での出来事になってしまうのではないか、という心配がある。

ロシアのピアニストの世界は、まだまだ、私の知らないものを秘めているに違いない。ふりかえってみても、ひところ、あすこからソコロフとかプレトニョフとかいった、すごいテクニックを身につけた鉄腕アトムみたいな秀才がつぎつぎ出てきた。その流れは、今も続いているのであろうか。ボリショイ・バレエのスターたちと同様、あれはあれで技術の比類のない優秀さで世界を征覇した。少なくとも、一時は世界のコンクールを完全に支配したことは、まだ記憶に生々しい。

ギレリスも、そういう秀才、俊才の大先達のように評価された時期もあった。正直いって、私も、リヒテルとの対比で、ギレリスをそういう存在のように早合点しかけていた時期がある。そうして、これは私の単なる想像だが、こういう人たちこそ、ロシアの古い伝統と一線を画した新時代の音楽家として、世界に発言してゆくものという自負(?)がソ連の音楽界内部にもあったのではなかろうか？　こういうタイプはピアニストだけでなく、弦楽奏者にも、指揮者にもあり、たとえばムラヴィンスキーも、ある意味では、その流れの大立者と目されていたのではなかったろうか？

最近ムラヴィンスキーのCDもこのごろは日本でつぎつぎと出だした。私はその中で、彼がレニングラード・フィルを指揮してシューベルトの《未完成交響曲》をやるLDをみた。実は前から持っていたのだが、ごく最近はじめてじっくりみたのである。そうして、そこには、何か前には気づかなかったものがあるような印象をもった。この人に、トスカニーニとかジョージ・セルとかの流れにつながるものがあるのは前から気がついていた。これは、私の推測では、前にも書いたように今世紀一〇年代から二〇年代にかけて、つまり、ロシア革命のほとぼりのまださめなかった当時、西欧の「前衛芸術」がどんどん生れたばかりの新生国家、ソ連邦に入ってきたころ、指揮の世界でも、ワルターや何かと並んで、クレンペラーとかシェールヘンとかが来たころ、新しい指揮の思想が、ロシアの若い音楽学生にも大きな刺戟になるというような事情があった。この新しい西欧の流れは、ヨーロッパと同時にアメリカの新傾向ももたらした。つまりはトスカニーニ、セルの流れを。ムラヴィンスキーはその時の落し子の一人ではなかったろうか？

ギレリスから離れすぎたように思われるかもしれないが、実は、私は、ギレリスこそ、こういったロシア・ピアニズムと一線を画したところから出た大ピアニストだったのではないかと思うのだ。リヒテルさえその一人に数えられる、ロシア臭さとはちょっと違った出自をもつ大ピアニスト。

彼のベートーヴェンもロシアの伝統に根ざしたものだというのは疑問の余地はないだろうが、しかし、また彼には、同時代の——いま私たちのもとにつぎつぎときかれるようになってきた——ロシアの名ピアニストとは、違うものがある。一口に、「ロシア臭くない」といってよいかどうか、まだ、わからないが、少なくとも、ネイガウスとかリヒテルとかとはずいぶん違うのは確かだ。彼はラフマニノフ、ホロヴィッツといったロシア・ロマンチシズムの系統に属する人ではない。それでいて、この人は、ひところ皆が誤解していた、「技術が何より重要であり、すべての土台である」というタイプの「鉄人ピアニスト」とも違う。ギレリスという人は、ロシア出身であって、しかも簡単にほかに類が見出せないような、かけがえのない音楽家だったのだ。《ハンマークラヴィーア・ソナタ》のCDは、そのことを考えさす一つのすぐれた例である。このCDには、ほかにスクリアービンの第三ソナタと《五つの前奏曲》作品七四が入っている。スクリアービンの音楽は、私はよく知らないので、あまり確かなことはいえない。けれども、私にわかる限りでは、第三ピアノ・ソナタなど、よくあるような、餅がどこまでもくっついて離れないようなベタベタした感じ（スクリアービンのハーモニーがそうさせるのかもしれないが）の演奏ではなく、幾つもの声部の流れが一つ一つかなりはっきりわかる透明な演奏になっている。その点ではこのスクリアービンの演奏にも、《ハンマークラヴィーア》のポリフォニーの処理の仕方と共通するものがある。

ギレリス／ピアノ・ソナタ第30番、31番

CD／グラモフォン　F35G－50381

エミール・ギレリスのひいたベートーヴェンのピアノ・ソナタのCDが三枚まとまって出た。そのうちの一枚、作品一〇九と一一〇の二曲のソナタを入れた盤の外装には「最後の録音」という文字が印刷されている。ギレリスが死んだのは一九八五年の十月だったが、このCDは同じ年の八、九月のスタジオ録音だったと、ことわってあった。

誰も彼も、みんな、死んでしまう。これは生きとし生けるものすべてに与えられた掟（おきて）。私たちはみんな、どうしても、この事実を受け入れなければならない。

このCDにつけられた吉井亜彦さんのライナーノートによると、ギレリスはベートーヴェンのピアノ・ソナタ全三十二曲の録音を計画していて、その最初の仕事があったのが一九七二年『ワルトシュタイン』と第二八番ソナタ（つまり作品一〇一である。思えば、あの『ワルトシュタイン』など大変な名演だった）の二曲だったとあるから、

この仕事は延々十三年にわたって続けられていたが、それでも、彼が死んでみると、あとまだ五曲のソナタの仕事が残った。その中には最後の作品一一一も含まれる。彼に死なれてみると、この曲をききたかったという気持が一層つのる。本当に惜しいことだ。いつぞや出た作品一〇六の『ハンマークラヴィーア・ソナタ』は非常な名演だった。せめて、それをもう一度きき直して、慰めようと思いかえしはするのだが。

ところで、この作品一〇九、一一〇を手にとってみて、まずどきっとしたのは、容れものにつけられたギレリスの写真だ。何と、すごい顔だろう。壮絶で凄然。死期の近さをむき出しに、語っているような顔をしていて、思わずゾッとした。死期の近いのを思わせる点では、いっしょに来た作品一〇の一その他のソナタの入ったCDでの顔写真もさほど変らないのだが、こちらはひどくやつれ、「おとろえたな」という感じだが、作品一〇九と一一〇のCDの方の、バックは真黒、四分の三正面の顔でピアノを前に坐って、こちらを眺めている写真は、もう、これを眺める私たちを通りこして、「死を見つめている」ようなのだ。例のライナーノートを書いている吉井さんという人も――私は個人的には存じ上げないが、かねがね、氏の書いた文章には、その書き手の感じるものを率直にのべることを通じて、氏の人柄がありありと出てくる点で、好感をもって拝見してきた――、同じようなものを、この写真から受けとっている。だから、この写真をみて、ショックを受けたのは私ひとりの感傷的な思い入れのためではないといってよかろう。

「写真は恐ろしい。こんな写真は残して死にたくない」というのが、私の忌憚のない印象であり、また世の中には、敢えてそういう写真をつけて売り出す人々がいるのだという事実に、改めておそろしいものを感じる。

だが、それをもう一度考え直してみると、それくらい、このギレリス最後のCDにつけられた写真——つまりは、このころのギレリスの表情には、世の常の表情の枠をつきぬけた鬼気迫るような凄味があったのではないか。

正直いって、こんな風に書き出すのは、いかにも悪趣味であり、若いころならともかく、今の私としては、やりたくない。こういう写真でもって、のちの世まで知られることになったらギレリスもさぞいやだろうと思いやる気を抑えることができないのと同じように、彼の演奏について書くのに、こんな具合にやったということになるのは、私としても、はなはだ不本意だ。だが、書いてみたら、こうなってしまった。それくらい、この写真の私に与えた衝撃は強かった。

もう、いい。この話はここでやめよう。

で、演奏は?

りっぱなものである。だが、作品一一〇、この晩年のベートーヴェンの心の底から洩れてきた《嘆きの歌（Arioso dolente)》を中核とする音楽を、りっぱにひくとはどういうことか？

　大体、ギレリスという人は、ほかの場合はひとまず別として、ベートーヴェンをひくとなると、いつもよりずっとマジメになるくせがあったのではないか。何も、ほかの人の曲をひくのにマジメでなかったというのではない。この人は、いつだって折目の正しい、きちんとした演奏をした。ただ、相手がベートーヴェンとなると、単に「きちんとした」という段階を通りこして、もっと、厳粛な、真剣なものが感じられてくる演奏をした。そうして、その結果が、時に、ほかのどんなピアニストのひくベートーヴェンとも違うようなテンポや表情になることが――もちろん始終ではないが――時に、みられたのだった。その一例を上げれば作品一〇の二のソナタの第二楽章アレグレット。私はこの楽章がこんなにおそくひかれるのを、それまで、きいたことがなかったので、はじめてきいた時、驚いた。あとで考えてみると、ベートーヴェンはこのソナタの中間楽章にスケルツォと緩徐楽章を兼ねた性格を与えたかったのかもしれないし、ギレリスはそれを考えたのだろう。

　しかし、どんな時も彼のベートーヴェンは塵一つない、隅々まで行きとどいた完璧に清潔な演奏になっていた。ベートーヴェンをひくのだから大真面目でやるのは珍しくない。だが彼のは模範演奏風というより、曲のもつ底力を出しきるところまで考えぬいた演奏であり、そういう時は、非の打ちどころのない現代のヴィルトゥオーゾの筆頭をゆく巨匠としての演奏になっていた（たとえば作品一〇の三のソナタ）。

私は彼のベートーヴェンを全部きき通してきたとはいえないので、何時（いつ）ということは自信をもってはいえないのだが、とにかく、ある時期から、ギレリスのひき方に、これまできかれなかったものを感じさせるものが出てきたように思う。

それはテンポのおそさとともに、表情にある種の余裕が生れてきた点である。

今度出た三枚のCDでいっても、作品一〇の一、ハ短調ソナタでいうと、まず第一楽章が、全体としてアレグロ・モルト・コン・ブリオという作曲者の指定に対し、音楽はそんな勢いこんだ逞しいアレグロ・モルトでも、コン・ブリオでもなく、流れてゆく。ことに第二主題を出すための経過の楽節から、引続き第二主題は、単に付点音符のついた第一主題の元気のよい跳躍との対比という以上に、ここである「冥想（めいそう）的なもの」が急に出てきたみたいな姿勢に変るといっていい。それから、第二楽章のアダージョ・モルト。私は、この楽章を、こんなにじっくり、幅の広い――しかし、細部でみると、こんなにいろいろな要素がつぎつぎ出てくる豊かな音楽として、ひくのにぶつかったことがない。

このソナタと同じCDには、作品四九の一と二の、いわゆるソナチネも入っているのだが、このうちのト短調の曲にしても、そうだ。第一楽章はアンダンテだから、当然といえば当然だが、この演奏をきいてると、いつもは無骨で無愛想（ぶあいそ）なベートーヴェンが、一時期、ウィーンの社交界にもさかんに顔を出し、そこに出入りする花形の女性たちとつきあいたいばかりに、あれこれとおしゃれの工夫をしたというエピソードを思い出す。このソナチネは、これをひく優雅な女性の手を待ちうけているといってもいい。それくらい、この二十世紀のソ連のピアノの巨匠は、この曲をやさしいゆとりをもって、のびやかにひいている。それから、私は、タッチの柔らかさにふれることを忘れてはいけない。

これをきいていると、あの猛烈なダイナミックで整然と驀進（ばくしん）する中期のソナタ群の演奏から、ずいぶん遠く来たものだと感じないわけにはいかない。

このＣＤには四曲のソナタがあり、演奏の時期は一九八二年、八四、八五年となっているけれど、どの曲がいつひかれたのかはわからない。とにかく、これらはギレリスが死に向って――心臓の発作で死んだとあるが、当時の彼にどのくらいその自覚があったのだろうか？――近よりつつあったころに録音されたわけだ。私は、この演奏を、病気のせいにしようと考えているのではない。私はただ、演奏の変遷が、ベートーヴェンの作風の変化と、それからピアニスト自身の生涯の歩みと、この二つに対し、どうからんでいたのだろうか？と、考えてみようとする時があるにすぎない。

そうして、これらの若いころのベートーヴェンのソナタのＣＤのあとに、最後のＣＤ、作品一〇九と一一〇のＣＤが来る。

特に、ギレリスが死ぬ一月乃至(ないし)二月前の演奏になる作品一一〇。

第一楽章モデラート・カンタービレ・モルト・エスプレッシヴォの目立ってゆっくりしたはじまり。提示部が終って、展開部に移る時、変イ長調からへ短調に転調する、たった二つの小節のおっそろしく簡単な歩みにこめられた「音楽」の静けさ。いや、そのあとも、この展開部に入って、ギレリスがこの楽章をひくに当って、どんなに慎重な姿勢で始め、そうしてここでさらに一段とそれを慎重さから精神的な静けさに深めているかが、きくものに、つぎつぎと開陳されてくる。それは、再現部の結びで、コーダに入る時の二分音符と八分音符からなる楽句でもたっぷり感じられる。

この静けさは、どこから来たのか？

第二楽章を終って、つぎのアダージョ・マ・ノン・トロッポに移るにつれ、音楽はいよいよ、この曲の核心に入ってゆく。

その入り口に当る変ロ短調のウナ・コルダから、変イ短調の《嘆きの歌》の出る前のレチタティーヴォの個所での「静けさ」もすごい。平静で、少しも取り乱していないのに、きくものの心に食い入ってくるのである。

最初の《嘆きの歌》のあとのフーガ、アレグロ・マ・ノン・トロッポも、ずいぶんゆっくり始まる（アシュケナージのもそうだった）。これは私みたいに、かつて——たとえばバックハウスたちがひいていたフーガのテンポにくらべて、なれた耳には、相当おそくひびく。別のことばに直すと、決して感傷的で甘ったるくはないのだが、かなり「情感をこめた」ひき方のようにひびくのである。

　そうして、この最初のフーガのあとの《嘆きの歌》の二度目の出現。これが前の時のより、もっと切れ切れで痛々しい姿になって登場してくるのはいうまでもないが、ここでのギレリスは、ベートーヴェンのつけたこまかなダイナミックの一つ一つの起伏を忠実に追いながら、全体の流れを細部によってあいまいにしないよう、細心極まる注意を払っているのがよくわかる。特に悲痛で、悲壮な表情をひくように、協調しているというのではない。だが、リズムの一つ一つに正しい強弱をつけるのを怠らないようにしているだけでも、音楽が一段と生き生きと呼吸してくるのが、手にとるようにわかるのである。

　このあとの第二のフーガも、その《歌》に少しも劣らない。第一のフーガの時もそうだったが、ギレリスはベートーヴェンのような十九世紀初頭の音楽家の書いたフーガのスタイルを尊重して、主題に大きく重点をおき、いつもそれを正面に立ててひいてはいるけれど、対位の線で、あとになって大きな役割をするものにも、旋律としての独自の生命を保証するよう気をつけている。きいていて、「あ、これがあとで役に立つのだな」と思う。それは私たちが、すでに、このソナタを何十回となく耳にしてきたからであるが、それだけでもない。バッハのそれとは違うが、ベートーヴェンのポリフォニーとしての独自性をきちんと出したかったからだろう。その心遣いが、第二のフーガになって、さらにはっきり生きてくる。だが、この第二のフーガは、そういう点だけでなく、ソナタ全体の大構造の上からいって、ベートーヴェンが「だんだん早くしていって」という指定で示し、私たちが「だんだん、また、生気をとり戻して」と解釈してきたこのソナタ演奏の伝統からいっても、――たとえていえば、第五交響曲の終楽章に似ていなくもないような――最後の勝利のクライマックスの担い手とならなければならない。

それを、ギレリスは、ちっとも取り乱してはいないけれど、結局、すごい迫力を生み出すようなひき方でひき通す。

ベートーヴェンは、このあと、作品一一一のソナタ――私たちが彼のピアノ・ソナタ全曲の王冠と考え、愛してきたソナタを書く。だが、ギレリスは、このあと一か月したかどうかで死んだ。最後のソナタをひく仕事はやり残したまま。私はもう一度、彼の最後の写真をみる。恐ろしい写真である。もう一方の作品一〇の一や四九の一と二、それから作品一四の二を入れたＣＤの肖像写真は病気の人をとったものだが、こっちは違う。ここで、ピアノの大家がみているものは、写真家でも、まして、私たちでもない、私たちの背中の方にあり、私たちにはまだ見ることを許されていない「あるもの」の姿だ。

アラウ／『ディアベッリ変奏曲』

CD／フィリップス　PHCP3805

クラウディオ・アラウのひいた『ディアベッリ変奏曲』をきき終った時、私は、しばらく、口もきけなかった。

いうまでもなく、作品そのものが、すでに、ものすごく偉大なというか、巨大な構築物であるが、これをひくアラウの演奏も、圧倒的に力強い。それも、きき手の深いところまで浸透してくるものが、隅々までゆきわたっている。

ありふれた言い方になってしまうけれど、正にこれは「精神力の勝利」の記念碑的な演奏である。

アラウは今年（一九八七年）八十四歳になったという。人間、こういうこともできるのである（その後、九一年六月に死去）。

実は私は最近東京のサントリーホールでダニエル・バレンボイムの《ベートーヴェン・ピアノ・ソナタ全曲連続演奏会》をきいてきたばかりである。これは、たしか一日おきに、全部で八回の連続演奏会でもって、三十二曲のソナタを全部ひく計画になっていて、私のきいたのは、その四日目。作品三一の一、二七の二(『月光』)、一〇の二、それから最後に作品一一〇という順序で、四曲のソナタがプログラムにのっていた。

とても、よかった。しかし、ひき方はいろいろ風変りなところがあった。最初の三一の一も、第一楽章で、はじめの音階的におりてくるモチーフと、それを受けて、右手と左手が喰い違うリズムで和音を鳴らす部分と、この対照をつくるのに、ひき手は、出だしの第一撃をいきなりfではじめ、それから和音はpにする。私は、これまで、ここはpで始まるものとばかり覚えていたので、相当、めんくらった。しかも、そのあと、ひとしきりしてから、もう一度、この主題が戻ってくる時は、逆に音階はpで、和音はfでひく。だから前とは逆になる(こちらは、私の覚えているのと同じ)。その対照が、いかにも自由で即興的な感じがして、音楽に生き生きとした精気がみなぎる。

それが、私の気に入った。いかにも、ベートーヴェンらしく、きき手を驚かせながら、はつらつとして元気のこもった音楽をやる。それでいて「音楽の論理」を踏みはずさないのである。

このあとの第二楽章、例の左手でギターの伴奏みたいなことをやりながら、右手に、のびのびとした屈託のないセレナード風の旋律をやる楽章。これも、明るく歌う気持がいっぱいに出ている一方で、音楽がちっとも安っぽくならない。こまかなところで、微妙な音の動きが生かされ、鮮やかに浮き上ってきたり、ほかの音のかげにそっと隠れたみたいな*p*や*pp*で流れていたりする。そうして、こういった音の表情の変化といっしょに、実にたくさんの音色の使いわけがあるのである。

作品一〇の二のヘ長調の曲もおもしろかった。この曲だって、前の作品三一の一と同じように、このごろのピアニストの独奏会ではほとんどきかれなくなっているけれど、バレンボイムみたいに生き生きと変化をつけてひいてくれると、本当に楽しくきかれる。長い間会わなかった昔の中学か小学の同級生に、ひさしぶりに会って、話そのものは大した内容がなく、言葉は平凡であっても、何か暖かい、なつかしいものがお互いの心に通ってくるのを感じるというようなものだ。

ベートーヴェンで、こんなに明るく楽しい気持になったのは、全く意外だった。

この晩は、そういった曲だけでなく、最後に作品一一〇のソナタもあり、これはもうただ「なつかしい」というだけですまされる曲ではないのはいうまでもない。しかし、いちばん底に流れていて、こちらの胸に迫ってくるものは、やっぱり、この上なく「人間的な」暖かさであり、それもそとのものにとらわれぬあくまで音楽的に自由と一体をなした明るさなのである。また、ひき手のつける表情が心の中から自然に湧いてくる表情だから、とてもやわらかい。

そう、このやわらかさと明るさ、これがバレンボイムの演奏の最大の特徴ではなかったろうか。特に緩徐楽章がいい。だから、『月光ソナタ』も、哀愁にみちたロマンチックなものを期待した人には、ちょっと当てはずれみたいなものだったかもしれないが、シューマンの歌曲に時々あるような、明るく透き通った月の光の沁みわたった夜の雰囲気があった。手放しの陽気ではなく、やっぱり哀愁の気配もあり、それが薄いヴェールのように地上を蔽ってはいるけれど、だが、底冷えのする秋の夜の寂寥感ではなく、春の生暖かさ、どこからともなく地か花の匂いのしてくる官能的な気配に包まれた夜の心象風景。

しかし、その上、おもしろいことに、そういった緩徐楽章には、ちょっとほかのピアニストで経験した覚えのない、どこまでも「のびやかなやすらかさ」があって、それが、曲にある拡がりを与えているのである。作品三一の一のアダージョ・グラチオーソなど、別に大きな曲でもないのに、いわば音の背後に大きな静けさがひかえているという趣きが感じられてくるのである。

これは、正直いって、私には思いもかけぬ収穫だった。休憩のロビーで、顔みしりのピアニストにあったら、「この間の『パストラール』（作品二八）が、とてもよかったですよ」といっていたが、きっとそうだったに違いない。

ベートーヴェンの音楽から、そういうものをたっぷりひき出してくるバレンボイムというピアニストは、優秀なピアニストであるばかりでなく、生れながらの豊かな天分にめぐまれた音楽家なのだ。

それに、彼のピアノの音も、こういう音楽にふさわしく、よく響くだけでなく、豊かな余韻をもっている。何年か前、彼のベートーヴェンのピアノ・ソナタ全曲のレコードが出た時、私は全曲盤をきく心の余裕がないままにここにとり上げずに終ってしまったが、その償いを今させてもらわなければならない……

アラウの話から、バレンボイムにいってしまったが、私としては、こうしてベートーヴェンを続けてきく機会をもって、少しばかり考えさせられるところがあったからである。私たち——というより世界中が、ベートーヴェンをきくことが、ひところにくらべてぐっと少くなった様子だが、これはやっぱり第二次大戦という深刻な悲劇のあと、私たちのような音楽好きといえどもそうそう前みたいに、彼のもっている、あの力ずくで迫ってくるような、威圧的な音楽をきいて楽しむというのがむずかしくなったからであろう。

戦後のピアニストのベートーヴェンでは、私は、かつてグルダに感心した（今もそうだ）。今になって思うと、彼のベートーヴェンの最大の強味というか特徴は、リズムの力を最大限に生かした点にあるのだった。グルダできくと、いかにベートーヴェンという人が、リズムに秘められていた可能性を掘りおこし、最大限に展開させるのに工夫した音楽家だったか、ということがよくわかる。それから、やっぱりブレンデル。ブレンデルのベートーヴェンの特質は、とても一口ではいいきれないが、一言だけいっておけば、シュナーベル――それから、私のいちばん好きなソロモン――以後の最も興味あるベートーヴェンひきではあるまいか、と思われる。それから、今まで書いてきたバレンボイムのあのやわらかで無理のないベートーヴェン。これは一つの発見である。

こういう人たちと比べると、アラウは、まず、戦後のピアニストとはちょっと違う。彼のは、ベートーヴェンの中のある面を特に開拓したというのではない。始めに書いたように、あくまで「精神の英雄としてのベートーヴェン」をひく人である。

だが、その彼にさえ、バックハウスやケンプ、エトヴィン・フィッシャーといった名だたるベートーヴェン解釈家たちと違う点がある。アラウのベートーヴェンの特徴は、音にやわらかで豊かなソノリティが土台にあることと、それから、やっぱり一種の明るさが底流してる点ではなかろうか。

『ディアベッリ変奏曲』をひくというのは、いうまでもなく、じょうだんではない。

ここには、人をよせつけない峻厳さ、シャープで遠慮会釈のない辛辣さ、当人はじょうだんのつもりでもあんまり無遠慮で相手の気を悪くせずにすまないユーモア、皮肉といったものがいっぱいつめこまれている一方で、世界中のどんな音楽家もやったことのない人間の意識の深層への探険、無類に傷つきやすい優しさを冷静なポリフォニーのかげにおしかくした独特のフゲッタ、ショパンを先きどりしたようなエスプレッシーヴォの装飾音符の群れ等々がある。

アラウは、そのすべてに真正面からぶつかってゆく。そういう中で、たとえば、この人独特のフレージングの生かし方に裏づけられた第十四番の変奏（グラーヴェ・エ・マエストーソ）と第二十九番のアダージョ・マ・ノン・トロッポをきいていると、この一見共通性の少くないような二つの小品の間で、どんなに細心慎重なひきわけ方がされているかに、気がつくのである。

前者では、*p*で始まって、二重付点音符をもつモチーフひとつを武器に、何回かのクレッシェンドをくりかえしては、そのたび*fp*や*p*によって中断される、大きな深呼吸がある。そして後者では、メッツァ・ヴォーチェで出発したあと、小さな休止符をはさんで、小さな呼吸をくりかえしながら、つぎにくるアンダンテ・センプレ・カンタービレの複雑なリズムのカノンで精神の統一をはかったあと、来るべき巨大なフーガの前のラールゴ・モルト・エスプレッシーヴォの悲しみの夜曲で心のたけを歌いきるのである。

本当はピアノを超えた「精神無限の世界」の表現だといわれてきたこの巨大な作品に対して、ピアノという楽器で可能な限りの秘術をつくして、立ち向うアラウにとって、この仕事は、八十四歳という年齢にもかかわらずとり組むというより、八十四歳になった今こそ、果たすべき宿願だったという方が正しいのだろう。

そのことが、この演奏を通じて、私たちきき手に、伝わってくる。ピアニストが息を吸ったり吐いたりする呼吸の音も、時どききこえてくるが、それと同時に、私たちは彼の頭から爪の先きまでの張りつめた精神とか、ある時は今にもはちきれそうなくらい、最大限に膨張した血管の中の、真赤な血液がどくどく音をたてて流れてゆくさまだとか、ある時は猛獣に狙いをつけた狩人が息をひそめ、匍匐(ほふく)前進しながら、「冷静に、冷静に！」と自分に言いきかせながら、照準器で正確な距離を計りながら、最後の呼吸をする。そんな姿が、この演奏をきいていると、ふと、目に浮ぶ。

私は演奏を語るのに、あまりにも不正確な「文学化の遊戯」に耽(ふけ)りすぎているだろうか？

だが、この演奏には、私がよくやるように、できるだけ「音の扱い」だけに則して記述するのでは掬(すく)いきれないものがあるのである。そういうやり方だったら、私たちはそう長い前でないころ、ブレンデルのこの曲をひいたＣＤをもっているのである

（CD／Ph—32CD３０５９〔廃盤〕）。あれも、すばらしい演奏だった。最初から実に快調の出だしで、一つ一つの音は鮮明を極め、また一つ一つの変奏の性格は見事にひきわけられていた。特にリズムの軽快な扱いは、きいていて実に気持がいい。しかも情趣にも欠けていない。つまり、あれは正に快演と呼ばれるにふさわしいものだった。しかも咳（せき）の声が時々入っていたり、終りにさかんな拍手があるのをみると、これはまぎれもない実演（ライヴ）に違いない。今から二十年以上前、グルダの同じ実演のすごい『ディアベッリ』があったが、これは、それ以来、現役のピアニストの最高の『ディアベッリ』ではあるまいか。

　第一〇変奏の胸のすくような切れ味、さきにふれた第一四変奏の二重付点リズムのモチーフによるクレッシェンドのもり上りの不気味なまでのすごさ。第二三変奏のアレグロ・アッサイとはいいながら、その速さには度胆（どぎも）をぬかれる。その他、拾い上げればきりのないほどの細部のおもしろさがいっぱいつめこんである。

すごい作品のすごい演奏。その場にいたら、私はここでも圧倒されて、しばらくはものもいえなくなるだろう。

　アラウのは、演奏の途中のいろんなところで、まるで天使と格闘するヤコブをみるような、不可能に挑戦する一人の人間の劇を目の当りにしているという実感の手ごたえが湧いてくるのである。それが、私たちの胸を深く打ち、強くゆさぶる。

ということは、つまりは、この人も結局は巨人の種属につながる一人だというわけになるのだろう。それに、これだけの苦しい作業にかかわらず、終ってみると、残るのは重苦しさや苦さでなくて、ある明るさであって、それが救いになる。

グルダ／ベートーヴェンのピアノ協奏曲

1

グルダについては、何回もかいてきた。改めてまた、何か新しいことをかくのはむずかしい。グルダが最近急に変ったというようなことも、私には認められないし、また、私の彼に対する評価が変ったという事実もないからである。

つまり、私は、かつてと同様いまでも、フリードリヒ・グルダこそ、今日の世界の音楽界に綺羅星のように並んでいる名ピアニストたちの中でも、最も興味あるピアニストの一人であると信じているのだし、特にまた、ベートーヴェンをひくとなったら、おそらく世界中で五人しか選ばないとして、どうしてもぬかすことのできない名だと考えている。

「五人を選ぶとして」と、いま私はかいたが、ベートーヴェンのピアノ曲といってもその中で、何番目のソナタをすごくうまくひくとか何曲目の協奏曲の演奏が得意中の得意だとかいうのは別として、あの三二曲のピアノ・ソナタ群と変奏曲を中心とするピースものの集団、それから五曲のピアノ協奏曲と、これら全部にわたってひく人ということを念頭において考えるということになると、それだけでもすでにグルダとならべて、考えられる人は、ほとんどいなくなってしまうのである。アルトゥール・シュナーベル、エトヴィン・フィッシャー、イヴ・ナット、ヴィルヘルム・バックハウスとつぎつぎに死んでしまった今日、すでにひどく高齢になってしまったヴィルヘルム・ケンプ、それから病気で演奏生活から隠退してしまったソロモンのように惜しんでもあまりある例を除けば、ほかにはクラウディオ・アラウと若いところでダニエル・バレンボイムなどがいることはいるけれども。それからエミール・ギレリスなども、おそらくすでにどこかでベートーヴェンのピアノ・ソナタ全曲の演奏会をやっているのではないかという気もするけれども。

私は何もあるピアニストのひくベートーヴェンを考えるのに、いつもその全曲をひいてからでなければ話にならないと考えているわけではない。スヴャトスラフ・リヒテルのベートーヴェン、ヴラディーミル・ホロヴィッツとアルトゥール・ルビンシュタインとベネデッティ＝ミケランジェーリのベートーヴェンはそれぞれまったく独創的なものである。と同時にこの人たちがベートーヴェンの三二曲のソナタを全部ひくことを予想するのはむずかしい。それから、たとえば、ルードルフ・ゼルキンのような人になると、彼がこれまで全ソナタの連続演奏会を開いていないとしたら、それはどういうわけだろうと、ゆっくり考えてみるに値するようなピアニストといわなければならないだろう。

だが、ピアニスト本位に考えるのではなくて、まず、ベートーヴェンの音楽、ベートーヴェンのピアノ曲ということを念頭において、それから、どんなピアニストがどんな演奏をするだろうか？ということを考えるという場合には、たとえ、あるピアニストのひく『熱情ソナタ』がどんなにすばらしかろうと、作品一〇六の『ハンマークラヴィーア・ソナタ』がいかにピアニスティックにすぐれていようと、それだけでは、まだ彼を判断するに充分ではない。それは、いわば、ベートーヴェンという大木について、その一つの部分、たとえばそこに咲いた花だとか、あるいはある箇所の非常におもしろい枝ぶりだとかについて嘆賞しているにすぎないようなものだ、という気が、どうしても、してくるのである。だから私の考えているのは、ベートーヴェンを全部ひかなければならないというのではなくて、ベートーヴェンという人の音楽をじっくり考え、それを演奏に表してゆくことに本当の興味をもつピアニストだったら、どうしても、彼のかいたピアノ曲の全部がひきたくなるはずではないかしら？というわけなのである。私見によれば、ベートーヴェンはそういう音楽家だったのであり、作家でいうならば、その全集をどうしても読みたくなる、あるいは読まなければ気がすまなくなるようにできている芸術家であったのである。「これがおもしろい」「あれはだめだ」といっていたのでは、ベートーヴェンの場合は、何か大切なものをきき落とすことになる。少し極端にいえば、ある曲が退屈だったら、その退屈なところまで何べんもくり返しきく必要があるということになる。

それは、あばたもえくぼということとはちがう。ベートーヴェンの中には、そうやって我慢している必要のある箇所が、実際に出てくるのである。彼は、音楽のどこもかしこもおもしろくなければならないとは考えていなかった人である。

2

そういうことを、私は、グルダがベートーヴェンをひくのをきいているうちに、だんだん、考えるようになった。グルダのベートーヴェンを、はじめてきいた時には、私は、それがよくわからなかった。私が、はじめてそれをきいたのは、一九六二年だったかのベルリンで、その時、彼は、カール・ベームの指揮するベルリン・フィルハーモニーの演奏会で、ベートーヴェンの『第四ピアノ協奏曲』のソロイストとして登場したのだった。私は前にもその時のことをかいたことがある。その時の私はまるで知らなかったが、この時の演奏会は、グルダのピアニストとしての長く輝かしいキャリアの中でも、特に重要な一節となったものだった。つまり、これに先だつプレス・コンフェレンツ（記者会見）で、グルダは当分もうクラシックはひかず、ジャズでやってゆくと声明して、センセーションをおこしたのと、それにしては、この時のベームとの共演がまた圧倒的な大成功を納め、この曲は演奏会の二曲目で、あとはまだ一曲残っていたのだが、聴衆は——ベルリンにはベームに対し本当に熱い心酔と暖かい拍手を示す多数の聴衆がいるのであるが——「グルダ！」「グルダ！」と熱狂的な歓呼を送って、一通りや二通りでは、とても、やみそうもない有り様だった（同じ演奏会を扱った記事は最近日本でも翻訳が出たヨアヒム・カイザーの『現代の名ピアニスト』吉田仙太郎訳、白水社にも出てきている）。

それなのに、私は、ひどくぼんくらで、この時の演奏の本当のりっぱさが充分にわかったとはいいかねた。くやしい限りであるが。

私が、グルダのベートーヴェンへの手がかりがもてるようになったのは、彼のベートーヴェンのソナタ全曲のレコードをきいたり、また何度かの彼の来日のおりの演奏会をきくことを通してである。グルダのひくモーツァルトや、シューベルト、それからドビュッシー。そういうもののすべてを通じて、私には、彼のベートーヴェンがやっとわかってきたのだった。

つまり、私には、グルダは、一度きいたらすぐわかる——それと同時にすぐに好きになるというタイプの音楽家ではなかったのである。

だからというわけではないが、グルダという音楽家は、けっして単純な——というと言葉が悪い、むしろ非反省的な職人でもなければ、素朴な詩人でもないのである。

といっても、彼は、たとえば同じヴィーン出身のピアニスト、パウル・バドゥラ＝スコダのような学者的ですごく教養の深いピアニスト、どちらかといえば、その教養の下で自発性がおしつぶされる傾きのあるピアニストでもまったくない。知的で反省的ではあるが、その反面、逞しいダイナミックな芸術家なのである。論理的で構成的であるのと同じくらい、猛烈な生命力と鋭い直観力と即興的にふきあがる情感の持主でもある。

こういってくると、まるで、ベートーヴェンのことをいっているみたいになるのではないか？ 私は、グルダがベートーヴェンだとはいわない。この二人は、ずいぶんちがう芸術家だ。しかし両者には共通するものがあるのも、本当である。

3

ある彫刻家がいった。「ベートーヴェンはどんなにえらい音楽家か知らないが、しかし、彼があれだけの仕事をしたについては、そのうしろにハイドン、モーツァルトといった先輩の天才の創造があり、また彼はバッハに学ぶことだってできた。これにくらべると、ショパンのような人こそ、過去にその類を見ないようなまったく新しい芸術をつくりだした天才ではなかろうか？」と。

ショパンはともかく、ベートーヴェンにしても、ハイドンやモーツァルトがすぐ前にいたということは、彼の仕事をするうえに有利であると同じぐらいハンディキャップでもあった。こんなにすごい天才の先輩を二人ももったうえで、まだ、何か自分の仕事をしようというのであるから。事実、今日の私たちこそ「ハイドン、モーツァルト、ベートーヴェンの三代にわたるヴィーン古典派の流れ」などと、まるで歴史というものが、ほっておいてもひとりでに流れてゆく水流であるかのような呑気なことをいっているが、そういう具合にはいかないのであって、ハイドン、モーツァルトのその流れをくんで創作した作曲家は、当時ベートーヴェンのほかに、何人もいたのであり、当時の人びとは、むしろフンメルとかなんとか、そういう人たちのほうに、伝統とのつながりをみていたのであり、そういう人たちからみると、ベートーヴェンなどは、やたら自分を主張し、不自然な音楽をかく反逆児であり、蛮人ではないまでも、正真正銘の野人だったのである。事実、偉大なハイドン先生も彼のことを「野蛮なモール人」と呼んでいたというではないか。

そうして、ベートーヴェンのすごい点の一つは、そういうふうに反逆児でありながら、しかも、ほかのどんな音楽家にもまして、ハイドン、モーツァルトの伝統の真髄を継承するのに成功したところにある。つまり、彼は無類の野人であり、反逆児でありながら、同時にものすごく深いところで、知的で、自分の仕事について透徹した意識をもっていたのである。

そういうベートーヴェンとグルダを同じにおくというのではないのだが、しかし、私には、グルダというピアニストがヴィーンのように、やたらと厚い伝統をもった音楽の都市から出発し十何歳ですでに「ピアノをひく」という点ではその後もう発展のしようもないところまで到着し(「私がピアノを練習したといえるのは十三歳から十六歳の時だけだ」)(カイザー、前掲書)、二十何歳かでベートーヴェンのピアノ・ソナタ全曲の連続演奏会をひらいて、大成功を納めたあげく、三十歳でクラシックをやめてジャズ一本槍でやってゆくと宣言したりするについては、そこに、単なる人さわがせの自己宣伝だとか、あるいは生命力が弱くて、伝統に押しつぶされそうになったので、ジャズに逃げてゆくといったのとは、まったくちがう事情が働いているのが、見えてくるような気がするのである。

現代には単にピアノをひく技術がすごく発達しているというだけではなく、教養も深く、いろいろなことを考え、意識しながら仕事をしているピアニストが何人もいる。たとえばアメリカのさる大学でフランス文学を教えながら、ピアノをひく、それも

『ハンマークラヴィーア・ソナタ』から、ドビュッシー、ラヴェルの全曲におよぶだけでなく、自分でも精緻を極めた分析を含む評論もかくというチャールズ・ローゼンのような人だとか、あるいはもういまさらいうまでもないカナダのグレン・グールドだとか……。

グルダにも、そういう人と共通する一つの要素があるのは確かである。彼も、ただピアノだけをひいていれば、それでもう満足だというわけにはいかないのである。「自分を五十回も『ピアノ・リサイタル』に閉じこめてしまうようなことをしていたら私はとても生きてはいけない。」（カイザー、前掲書）

だが——ここでグルダと、たとえばグールドとの違いをいえば——グルダは、グールドのように伝統のない国に生れた男ではないのだし、彼が「ピアノをひく」という時は、そこにはバッハからクラシック、ロマンティックを経て、ドビュッシー以下の現代にいたる、ピアノ音楽の系譜が、現実的に、具体的に、うらづけとして含まれているのである。

それは単なるピアノをひくという、技術というか、音を出す仕事それだけを意味しているのではないのである。

4

私は途中からわき道にそれ、ずいぶん長いことまるでグルダの音楽となんの関係もないことをかいてきたような気がする。そうだろうか？

私は、これまで、ずいぶんグルダの演奏をきいてきたが、彼の演奏の特徴を一言でつくせば「グルダはごく自然にひく」ということだと思う。

これも、ひょっとしたら——特に日本の音楽ファンの耳には——逆説的にひびくかもしれない。グルダは、いつも何か奇をてらったりバッハをジャズがかってひいたりする風変りなピアニストであるといった、通俗的な偏見をさんざん読まされてきた人も多いことだろうから。

だが、それはまったくの偏見である。グルダのリズムに特徴のあるのは事実だが、それはちょうど彼のハーモニーの扱いにも特徴があるのと同じようなことだし、そういえば旋律の歌わせかたも、音楽の変化に伴うテンポの緩急にも、同じく特徴があるのである。彼くらいの世界第一級のピアニストとなれば、そんなことはいうまでもない、当り前の話である。

しかし、そういう特徴は特徴。音楽をきく人はその特徴が、彼の場合、なんら人為的でなく、巧まずに、ごく自然に出てくることを、もっとよくききとれなければならない。そのうえに、彼は、どんな曲をひく時にも、あらかじめかまえたり、自分を特別見せようとしたりするのでなく、まるで自分の親友たちにひいてきかせてでもいるように、楽々と、力まず、背伸びせず、ひいているのである。もし、あらかじめ先入観にわずらわされていないのなら、私たちには、こういうことが当然聞こえてくるはずなのである。

しかし、それは、私自身、初めにかいたように、かくいう私自身がやれなかったことである。だから、私は、人に説教するというのでなく、まず、そういうきき方をグルダを何回もきくことを通じて、教えられたといっているのであり、そうきいてみることを、おすすめしているのである。偏見をさってきけば、聞こえてくるグルダの音楽は自然でありながら、しかも、実にすごい迫力をもったものであることが、音楽用語でいえば、本当のブリオをもった演奏であることがわかるはずである。私がそれをするのは、特に、グルダがベートーヴェン、それからシューベルトをひくのをきいている時である。そういう時の彼の演奏には、本当に「すごい」というほかない瞬間が閃く。そこには、豪快で、しかも細緻を極めた瞬間があったり、ぞっとするほど美しかったり、深い陶酔の訪れであったり、こういうグルダの演奏のすごいおもしろさの全部を言葉で数えて拾いあげることは不可能ではないまでも、あまり魅力のある仕事にはなりにくい。

要するに、私たちが、ベートーヴェンやシューベルトの音楽で知っている、あのデモーニッシュというか、うっかりすると胸のむかつくような魔力と、深い魅惑との啓示がそこにある。

いや、それは、ここにもある。

私が「ここ」というのは、彼を独奏者とするベートーヴェンの五曲のピアノ協奏曲の演奏のことである。

ここでは、グルダ特有の強烈なブリオが、作品のもつ詩味を少しも損なわず、むしろ、一方がもう一方を呼びよせるような形で共存しているのが、きこえる。特にすごいのは、第四番の『ト長調協奏曲』である。もっと極限していえばこの『第四協奏曲』の第一楽章のカデンツァの凄絶な美しさ！　これは、かつて壮年期のバックハウスがベームといっしょに入れたもの以来の名盤であり、現存するどんなピアニストの演奏よりすぐれたものといってよいだろう。

私は、カデンツァといったが、『第五協奏曲』の冒頭のカデンツァをきいただけでも、グルダが、ただメカニック一点張りでひきまくる人とはまったくちがうことがわかるだろう。豪放であって、しかも、余裕たっぷりの——戯れであり、演奏であるという意味でのプレイの開始を告げる合図として、これくらい鮮やかな演奏は類が少ないだろうが、これはまた、この開始をかきつけたベートーヴェンの筆の一振りのダイナミズムでもあったはずである。

これに少しも劣らないくらい真実で、詩にみちているのが、同じ第一楽章の展開部に入ってからのピアノ、ピウ・ピアノ、ピアニッシモからドルチェと続いてゆく一連の進行（二七〇小節以下）の演奏だろう。クラリネットとファゴット、それからフルート、最後にオーボエと、木管たちがやさしく合奏するのに対して、ピアノは、分散和音やら、両手のオクターヴでの音階の下行といったごく単純な音楽で対応し、いっしょに戯れる。いつものわざとらしい、ごつごつした音楽とちがって、ベートーヴェンがやさしく、くつろいでいる箇所である。そういう中で、グルダが、どのくらい「内容のある音楽」を奏しているか。それはまるで、とかく、同じような楽想が仰々しく、そうしてやたらと何度もくり返されるばかりの長ったらしい音楽になりがちなこの曲を――周知のように、世界的名手といわれるほどの人の演奏できいた時でさえこの曲は、とかく、救いがたい長大さとでもいった印象を残すことがよくある――いわば、少しも裏切らないで、しかも、そこから新鮮な驚きをまじえた生き生きとした感動を引きだすことに重点のおかれた、この演奏の性格を象徴しているようだといってもよいのではなかろうか？

総じて、この『第五協奏曲』では、豪快さとならんで、ピアニッシモの詩的な歩みの中にも豊麗さが感じられなければならないのだろうが、それが、このグルダの独奏する第二楽章には、たっぷりときかれるのである。左手の三連符の正確さと、それに対応しながら音階を下行してくる右手の部分の表情の変化の多彩さには瞠目すべきものがある。

こういった第一、第二楽章の演奏にくらべて、第三楽章は、いわばリズムとダイナミックの快適な躍動の音楽といってよいのだろうし、ここで目立つのは、事実、リズムの正確さだが、それでいて、ここにも、先行する二つの楽章の場合と同じように、いろいろな箇所で、自由な即興性のほとばしりとでもいったものが感じられる。ここには、厳格で、しかも自由な戯れがあるのだが、グルダが、まるで、それこそ協奏曲の本質なのだといっているかのようにきこえてくる瞬間もあるのである。

ブレンデル、レヴァイン、シカゴ交響楽団／ピアノ協奏曲全曲

CD／フィリップス　PHCP－592〜4

今は昔、はじめてヨーロッパにいったころ、ある都会で一人の若いピアニストに会った。その時、彼が「いまに幾つかの協奏曲について、これなら彼奴（あいつ）という評判をとるまで勉強しておきたい」といって上げた曲の中に、ベートーヴェンのピアノ協奏曲第一番があった。「第三から第五協奏曲までは、名人や大家がいつもひいてるし、それぞれ、極めつきの名前がつきまとう。しかし第一番はあまりプログラムに上らないし、第一協奏曲の専門家なんて話もきいたことがない。だが、あれは仲々の曲だし、まだ完全に研究されつくしたとは思われない。いろいろ考えてひいてみる余地があると思うのだ」というのが、その理由だった。

今度ブレンデルがレヴァイン、シカゴ交響楽団と入れたベートーヴェンの全ピアノ協奏曲集のアルバムの中の第一番からきき出して、はしなくも、この時のことを思い

出した。彼、その後、どうしたろう?

とにかく、ベートーヴェンの第一ピアノ協奏曲をきいて、こんなに刺戟され、考えさせられ、そうして楽しんだことはない。ブレンデルとレヴァインできくと、これは、これまでとまるで違う音楽として、よみがえってくる。

特に第一楽章がそうだ。はじめから、思いもよらぬスピードではじめられ、私はびっくりしてしまった。それは、単なる驚きというより、身のひきしまるような気持だった。ベートーヴェンの与えたテンポ記号はアレグロ・コン・ブリオだが、こんなに速い開始はきいたことがない。開始だけでなく、そのままのテンポのすごい勢いで走ってゆくのである。ことにレヴァイン指揮のオーケストラの方は、第二主題が出て来ても、弱音でこそひくけれども、あんまりテンポも落さず、それまでの精気にあふれ、明確にして活発な行進曲風の表情を、一変さすというところまで変化はつけていない。簡単にいえば、相変らず明るい。だから、この主題がともすれば平坦に思えるくらいだ(ブレンデルの方は、そうでもなく、やっぱりかなり変えている。それに同じ第二主題がオケではpだが、ピアノ独奏のパートでは、「ドルチェ」となっているのである)。

しかし、勇気凜々、精気潑剌、若いベートーヴェンのウィーン・デビューから遠くないころの覇気にみちみちた姿勢がそのまま、出ているような音楽になりきっている。

今までの、有名なピアニストたちのやって来た、若いけれどしかし何といっても「ベートーヴェンらしい」スタイルの出発とは、ひどく違うのである。

だが、きき手がびっくりするのは、これだけではない。そのあと、(ト長調で終った)提示部の後、変ホ長調に変ってから開始される展開部のひき方である。正直いって、私は、これには、今ふれた開始の仕方以上にびっくりした。と同時に、魅惑された。ここで、テンポは一変して、いままでの馬にのって馳けていたような気配から、ぐっとおそくなる。おそくなっただけでなく、それまでの明確なタッチと活気にあふれるダイナミックな動きに対し、まるで夢でもみているような優しく、柔らかな、正にロマンチックな音楽が、くりひろげられるのである。

こういうことは、かつてきいたことがないだけでなく、まさか、可能だと思ったこともなかった。これは、まるで、シューマンではないか！　と、思わず、私は口に出してしまった。シューマンがあのピアノ協奏曲の展開部で、きくものを、何の前ぶれもなしに、いきなりそれまでのアレグロから、アンダンテのロマンチックな夢の世界にひきこんでしまうやり方。あれは、シューマンの天才をもってはじめて可能な、そうして、いかにも彼だけが考えつきそうな着想だった。

しかし、それと同じようなことが、ほかの誰でもない、あのベートーヴェンの作品の中で生起するのである。いや、ブレンデルが、そういう離れ業をしてみせるのである。ベートーヴェンは、シューマンとちがい、展開部の頭にアンダンテ・エスプレッシヴォという表情記号をわざわざ書きこんだりしていないのだから。

しかし、このブレンデルの天才的離れ業は、私を魅惑した。私は、まず、戸惑い、それから、だんだん良い気持になって、彼の導くままに、この突如として出現したロマンチックなファンタジーの愉楽に身を任せた。スコアの二六六小節から展開部に入り、三四六小節で再現になる、その八〇小節の間、前半は、こうして変ホ長調以下の甘美な幻想の世界が続くのだが、それからだんだんにハ短調に傾く気配が感じられるようになり、と同時に、デクレッシェンド、ピアニッシモと、音も小さければ、運動性も乏しく、盛んに休止符をはさみながら、和音に和音が重なり、音楽がどんどん静止的なものになっていく——そのクライマックスで、二小節にわたって、突如として、右手だけのオクターヴで、四オクターヴ半にもわたる広範囲の音階の下降がまるで、天から頭上に落っこちてきたみたいに、爆発する（譜例）。

こうして、滝のように下降してきたオクターヴのグリッサンドが、低い方のCに到達した瞬間、間髪も入れず、再現部が、いちばんはじめの、あの活発極まりない速さと全く同じ勢いで、はじまるのである。

ここで、私は、三度、驚かされる。

こう書いてくると、何か、ブレンデルたちは、きき手の意表をつき、驚かすことば

譜例

かり狙(ねら)っているように思われるかもしれない。いや、何かちょっと変ったことにぶつかると、眉をしかめ、ハッタリだ何だと非難する傾向のなくはない批評の風土の強いところでは、きく前から、そう誤解されてしまう心配がある。だが、この音楽をきいてみると、そんなことにはなるまい。というのは、ブレンデルを筆頭に、ここで演奏している人たちのやっている音楽は刺戟性に富んでいるのと同じくらい、説得性にも豊かなものになっているからである。

読者には、ぜひ、御自分の耳で確かめて頂きたい。「これをきかないですごすのは、もったいない」と、私は考える。少し奇矯(ききょう)な言い方になるが、この演奏には、いわばベートーヴェンのもう一つピアノ協奏曲がみつかったみたいな意義がある。

このレコードのセットには、ブレンデルのインタヴューを録音した盤がついている。ブレンデルは、その中で、重要な発言をしている。それは、彼らのここでの演奏を理解するためだけでなく、ベートーヴェンのピアノ協奏曲の演奏全般についても、大きな意味をもつものだ。というのは、ブレンデルは、ここで、これまで長い間人々によって使われて来た楽譜が、いかにベートーヴェンの手稿その他とちがっているものだったか――校訂者の誤った「訂正」の加えられたものだったか――を、具体的な例を上げながら、説明しているのである。それは幾つもの点にわたるが、このピアノ協奏曲第一番についていえば、今まで私たちの見なれている楽譜にはアレグロ・コン・ブリオ、四分の四拍子とあるけれど、ベートーヴェンは実は二分の二拍子、つまりアラ・ブレーヴェとして書いたのだということになる。これはボンのベートーヴェン・ハウス発表の新しい楽譜に記載している通りである。となれば、ブレンデルのとった、慣行よりより速いテンポと、これまでと違ったリズムでアクセントづけられたやり方は、少くとも、ベートーヴェンのオリジナルを基として、考えられたものだということになる。

ブレンデルはまた、ベートーヴェンのピアノ協奏曲の第一楽章は、第一番から第三番に至るまで、三曲とも、アレグロ・コン・ブリオという発想記号があるが、この同じ記号のもとでチェルニーは、「第一番は非常に速く、第二番もかなり速く、第三番は中位の速さで」ひくように指示しているといっている。チェルニーは、いうまでもなく、ベートーヴェンのピアノの高弟であり、先生の作品については教示をうけながら、御本人の目の前で弾いた人だから、その人の書いたものは注意深く読む必要があり、それと違うことをする時には、充分な根拠があってはじめてやるべきだというのは、正当な意見といってよかろう。

その第三番協奏曲なのだが、これがまた、実に興味深い演奏になっている。

去年か一昨年か、ゼルキンが小澤、ボストン交響楽団との顔合せで、ベートーヴェンのピアノ協奏曲のレコードを入れたことがある。その時、私は、第三番をきいて、ずいぶんゆっくりしているのに驚いたものだった。まさかゼルキンともあろう人が、年齢のせいでおそくひいているはずはない。この人は、現代大家の中でも、最も誠実な倫理感の強い人で、年をとって指がまわらなくなったとか何とか、自分の都合で変えるくらいなら、その曲はひかずにおくだろう。「では、どうして？」と、私は考えたものだ。今、ブレンデルの演奏できくと、同じ曲の同じ楽章が、同じようにゆっくりひかれているのである。そうしてブレンデルは、第一番の時と同じように、ここでも作曲者の指定は、流布版のスコアにつけられた¢でなくて、cであることと指摘している。従って、第一番第一楽章の場合とは、逆になり、普通ひかれているテンポよりおそくひくのは作曲者の考えに忠実なやり方であるし、事実、チェルニーも、おそいテンポを与えている（ゼルキンのテンポも同じ根拠によるものだったに違いない）。

ここでも、ブレンデルらの演奏は、注目すべきものがあり、――第一協奏曲の場合ほど、急進的ではないにせよ——曲の面目はかなり変って表われてくる。

だが、おもしろいものだ、同じようにおそ目といっても、ゼルキン＝小澤の第三協奏曲の演奏は、ずいぶん違ったスタイルによっている。あの長すぎるくらい長いオーケストラの導入部は、小澤の指揮の下、重厚にして細心、いかにもベートーヴェンの「ハ短調のパトス」にふさわしい、たっぷりした厚みと深みをもった堂々たる音楽になっている。これがゼルキンと打合せた結果なのは、そのあと、ソリストが入って来てからの動きと一致している点をみても、わかる。

だが、ブレンデル＝レヴァイン組のは、そんなに暗くない。それにリズムのものすごい精密な扱いが音楽にまれにみるダイナミックの多彩さと歯切れの良さを生み出し、重厚というより、清新潑剌な、そうしてどこをとっても、うっかり傷をつけるとパッと血が噴き出て来そうな精気にみちみちた音楽になっている。特に提示部がそうだ。そのかわり、展開部は、大きくいって、弱音の領域、日陰の領域で、見事なアンティクライマックスとなっている。これは再現に入っても、しばらく続く。

この第一楽章でもう一つ、見逃せないのはソリストのカデンツァで、ここでブレンデルは同じベートーヴェンの楽譜でも普通使われるのと別の、もっと長くて複雑なカデンツァを使っているが、これが、文字通り、きくものの心から「火を噴き出さすような」ものになっている。ことに、終り近く長いトリラーがあり、いったん*pp*まで低下したダイナミズムが次第にまたもり上り、それまでの大奮闘で疲れきり仮死状態に陥った人間が、息をふきかえし、元気をとりもどしたような具合にクレッシェンド、*ff*、*sf*、*fff*と強烈な終り方をするところは、ブレンデルのいう「ベートーヴェンのカデンツァは一種の狂気に近い状態まで高められた興奮」として、私たちにも強く迫ってくるものがある。まだまだ書きたいことがあるが、もう紙幅がない。とにかく、こういうレコードが出た以上、後はこれとの対決を回避して、続けてゆくわけにはいかなくなるのではないか。もちろん、ブレンデルのひき方がこの曲での唯一の正解なんてことを、私は考えてるわけではないが。

（後記）ベートーヴェンが第一楽章アレグロの中で、突然ロマンチックな転換をやるのは、ピアノ・ソナタ作品二の三に、すでにみられた。しかし、あれは楽章の終り、カデンツァまがいのとこで、だ。また右手オクターヴのグリッサンドの用例は〝ワルトシュタイン・ソナタ〟のが有名だが、その前例が、ここにあった。

キーシン、レヴァイン、フィルハーモニア管弦楽団／ピアノ協奏曲第2番、5番

CD／ソニークラシカルⒹSRCR1869

キーシンがレヴァイン指揮のフィルハーモニア管弦楽団と合わせて、ベートーヴェンのピアノ協奏曲第二番と第五番のソロをひいているCDが出た。

ピアノの音のあまりの美しさに、思わず何度も溜息をついた。もともと、完璧といってよいほどのピアノを上手にひく人である。でも、この人のはもう単なる上手という域を越えている。ピアニストとして欠点がないくらい、何から何まで具わった人だというのは、いまさらいうまでもないことだが、本当にきれいなピアノをひく。

そのきれいさは、きよらかさといってもいい美しさに達している。この若さで、この完璧さ、あと何を望めばいいのか？

そう、それが問題なのである。

キーシンをよくききこんできた人たちが、彼の演奏をきき終ると、「あとはピアノ

で音楽のさまざまな表現をする技術を身につけることである」というのを、よく、耳にする。たしかに、キーシンという人は、こんなにうまいのに、曲によっては、実に平凡な演奏をきかせる。いつぞやも、ハイドンとシューベルトを組合せたCDをきいたが、そのうちのハイドンのイ長調ソナタ（Hob. XVI-30）はおもしろかったが、有名な変ホ長調の大曲、第五二番ソナタの方は平凡だし、シューベルトのイ短調ソナタ（D七八四）も、こんなにうまいのにどうして退屈なのだろうと不思議な気がするような演奏だった。「まだ音楽が若いからだ、いずれ成熟するにつれ、その不満も解消するに違いない。何でも、どうにでも思ったようにひける人なのだから」というのも、一つの説明だ。そうかもしれない。

しかし、何でもひけるようになっていることと、平凡な演奏をすることとの間にあるギャップは、単に年齢が若くて、経験がたりないからというだけのことなのだろうか。じゃ、どうして同じハイドンをひいて、あんなに違う演奏になるのか。これは出来不出来の次元の問題ではない。

私は、もちろん、今後年齢を重ね、人間的芸術的に大いに成長、成熟を重ねてゆくうちに、どんどん芸の幅を増し、深みを加えてゆくことを祈る点で、人後に落ちないつもりではいるのだが、それよりも、もしも、キーシンの音楽家としての根本的な在り方は、やっぱり変らないでゆくとしたら、それはどういう意味を持つのだろうか？

と考えてみることも大切だと思う。

こんどのベートーヴェンの協奏曲での彼の演奏が、溜息の出るくらいきれいにひかれているということは、はじめに書いた。

二番の協奏曲なんか、普通あんまりひかれない曲で、三番以前の曲ならば、むしろ一番の方がずっと有名なばかりか、曲それ自体としてもすぐれたものとして評価されているのは改めていうまでもない。ベートーヴェンの協奏曲をひくのだったら、一番とじっくり取り組んで、「一番ならあのピアニストが……といわれるようになりたい。その方が五番、四番といった天下の名曲をひくチャンスをいくらもらっても、いままでに数え切れないくらい名演があり、名演奏家がいるので、ごく平凡な、ありきたりの演奏として、すぐ忘れられてしまうのより、ずっとましではないだろうか」と、誰かが考えていたとしても当然だ。しかし、二番となると、「五曲のうちのどれをひきたいか?」ときかれて、「この曲を」と返事するピアニストは、あんまりいないのではないか。

だが、その二番でさえ、このキーシンをきくと、あんまりきれいで、文句を言う余地はなくなる。それもただすべての整った、非難の余地のない良い演奏という以上の演奏になっている。第一楽章の——変ロ長調の主調で主題を出したあと、突然変ニ長調に転調するエピソード——これをひく時、どんなピアニストもベートーヴェンの指示通りデリケートな*pp*で静かに歌うのはいうまでもないけれど、キーシンの*pp*の美しさ（第一四八小節以下）は格別であり、きいていて、ぞくぞくするような清冽さ、清澄さをもつ*pp*の一節である。これは、いかに彼が感じたものを確実に表出できるかの証拠である。展開部で管（フルート、オーボエ、あとでファゴットも加わって）がスタッカートで𝄾 es es es es es es f／g、𝄾 g g g g g as／bという具合に同音を何度もくりかえしながら短いモチーフを奏する時、ピアノが合いの手を入れてスタッカートでアルペッジョで五オクターヴも上ってゆくといった交代を何回かくりかえす部分がある（第二四六〜二五三小節）。ここでのキーシンのスタッカートの見事さ、音の切れ味の良さ！　どんなピアニストだって、ここはこうやって、オーケストラとかけ合いをやるにきまっているのであって、何もキーシンだけが特別なのではない。でも、少なくとも私は、元来がオケと応答しながら、簡単な楽想をするだけのパッセージを、こんなにきれいに、きいていて思わず心が弾んでくるような、軽くアクセントをつけながら、ひいているのをかつて耳にしたためしがない。くりかえすが、誰だってそうやるにきまっていることを、キーシンもやっているにすぎないのである。それでいて、彼は——たとえばギレリスのような大家がやっても、きこえて来ないようなアクセントの妙味を——それもごく軽く、つけたしているだけで、天上の音楽にひき出してみせるのである。こういう例は、ほかにもいくらもある。もう一つだけ書いておくと、今いったスタッカートの妙味をみせたあと少しして、音楽は今度は十六分音符の早いパッセージに変り、オーケストラの付点音符の伴奏を背景に、*pp*からだんだん勢いをまし、センツァ・ソルディーノ(弱音器を外して)、クレッシェンド、そうして*ff*の六連符の音階という道筋をとって、再現部に流れこむ。その時はオケもピアノに合わせて*pp*から、思いっきり強い*ff*で高らかにトゥッティの和音を鳴らす。

この間、ピアノはオケと同じ*pp*から*ff*への変遷を辿っているわけだが、そのピアノの音力の変化のものすごい迫力。それはオケの全奏に一歩もひけをとらないどころか、ほとんど圧倒しかねないほどの強さ、逞しさである。きいていて、私たちは、「ああ、ベートーヴェン!! ベートーヴェンが来た」と思わずにいられない。これも、誰だって、こうひくにきまっているのに、キーシンのは特別見事なのだ。

それに、どんな時でも、彼の音は濁らない。*pp*の清らかさ、*ff*の底まで透き通っているような美しさ。アシュケナージだって、こうではなかった。

私は、前に、「きよらかな演奏」といったのは、決して、実体のない形容、修飾の言葉をもてあそんだわけではないのである。第二協奏曲で、こんなに澄み渡った演奏をきかされていると、――もし、私が十九世紀の批評家だったら――「これは天使の演奏だ、ここでは天使が歌っている!」とでも書いたかもしれない。

でも、この澄み渡った美しさは、もしかしたら、さっき書いたようにキーシンのシユーベルトがあまりにもありきたりで平凡な「良い演奏」でしかないのと、切りはなせない関係にあるのかもしれないのである。私が上げた三つの点、あれはみんな、どれも、何もキーシン独特のもの、彼でしかきかれないようなひき方というのではないのである。ちゃんとしたピアニストなら、誰だって、そうひく。それこそ、ガーディナーの手勢、オルケストル・レヴォリュショネル・エ・ロマンティクと組んだロバート・レヴィンだって、ソロをひくのにフォルテピアノを使っているといっても、やっぱり同じことをやっているのである。ギレリス、アシュケナージ、ブレンデル……そのほか誰だって、同じこと。でも、キーシンは同じことをやっていて、今まで書いてきたような響きを残し、全体として実にきよらかな音楽をきいたという感銘を残すのである。それが彼の個性だとすれば、ピアニスト、キーシン独特のものとは何か？

キーシンはベートーヴェンをひく時と、シューベルトをひく時とでは違う。原作と演奏との間の結びつきというか関係の間に違いがあるのである。それをどう解決してゆくか。いつの日かシューベルトをもっと美しく（内容豊かに）ひく日が来ても、彼のベートーヴェンは今のように澄んだ天使の歌のようにきこえるかどうか。楽譜に書いてない、行間にあるものを読みとる力が増大し、幻想性にみちた演奏をするようになった時、これまでの名演の集大成の上に、その精髄を充分に消化し身につけたような演奏をしている、その意味では、模範的といってもいい彼のベートーヴェンの名演は、そのままのきよらかさを保っていられるのかどうか。

キーシンが成長し、成熟するとはどういうことか。こんなきよらかな少年のような――完全な教育を受け、それを完全にこなしつつ成長してきたようなピアニストにとって、一体、変化とは何を意味するのか。

この若い大器が、年齢を加え成長してゆくのは、誰もとめられない自然の成り行きだから、それに任せ、私たちはただそれを綿密に観察し、正確に評価してゆけば良い、それ以外に、どういうことができよう？　という考え方にも、一理あるのはいうまでもない。

でも、音楽の世界では神童とか天才少年とか呼ばれた人の例は、決して少なくない。その中でキーシンはこんなに成長した。今はもうりっぱなピアニスト、世界一流の名手になっている。でも、こんなにきれいなベートーヴェンをきいていると、私は、かつてのメニューヒンのことを思い出してしまう。あの人も、少年のころすでに天使のようなモーツァルトをひく、神のようなバッハをひくといわれた人である。それも素人の音楽好きやセンセーションで食べているジャーナリズムだけでなく、本格的な音楽家、レッキとした名手たちによって、そういうレッテルをはられた人だった。しかし、大成してからは、そういう声はきこえなくなった。

ベートーヴェンの第五協奏曲も、第二にそうそうは劣らない名演である。これをきいて、この曲にはもっといろんなものがあるはずだと考えるよりは、これだけでも、私は、その美しさに圧倒された。どんなパッセージだって、力任せにひきまくることがなく、綿密丁寧にひいているのだが、そこから音楽の本当の美しさと精神の大きさが滲み出てくる演奏になっている。それに、第二でみたのに優るとも劣らない*pp*の美しさ。第一楽章の再現部、特にそのあとの部分、つまり普通のやり方だったら、独奏者に任せてカデンツァをひかせるところを、ベートーヴェンは、演奏家に任せるのを嫌って、きっちり音楽を書いてしまったのは有名な話だ。そのベートーヴェンの書いた音楽の見事なこと。それをまたキーシンは絶妙の*pp*を駆使して、深湖の静けさとでも呼びたいような深みのある音楽にしてゆく。それから、全体が、高山の清浄な大気を呼吸するような気高さのある第二楽章。第三楽章の宏大な見渡しの中での遊びと笑い、解放と自由の中での充実。こういうものを、キーシンは申し分なく、ひききっている。

しかし、この第五協奏曲には、これまで数々の別のピアニストの名演があったという事実は、このキーシンの名演をもってしても忘れることはできない。キーシンの演奏には、まだ、それを忘れさす力はない。

私には、この曲では、静けさを湛(たた)えたところのひき方が特に気に入った。でも、結局、第二協奏曲の演奏の良さの方が、きいたあとまで、ずっと印象に残る。

最後になったが、オーケストラの伴奏がうまい。特に第二番。ベートーヴェンといえば、とかく力んだ重い響きになりがちなのに、ここでは逆に爽やかで軽妙。ことに木管の音が、気持よくきれいに流れてゆくのが印象的。

アシュケナージ、メータ、ウィーン・フィル／ピアノ協奏曲第4番

CD／ロンドン　FOOL-23016

ベートーヴェンのピアノ協奏曲では、私は昔から第四番ト長調が好きだった。ここにはベートーヴェンにはそう始終あるわけではない、ある種の浄福とでもいうか、清らかさと平安にみちた詩的な味わいがあるからだ。

また、この曲で見逃すことができないのは、彼がよくやる頭ごなしに一発ドカンと喰(くら)わせておいて、きき手を有無をいわさずねじふせるように、話をすすめるというのでなくて、柔らかくはじめ、そのあとも比較的諄々(じゅんじゅん)と相手を説得してゆくような論旨の展開があるからである。

それから、いつもなら、その話の頂点、主題のきかせどころとなると、きき手の反撥をみこして、それに挑戦するように、力をこめて強調するのに、ここでは、彼は、むしろ一段と声を低め、囁(ささや)くように呟(つぶや)くようにひくことによって、かえって、じっく

り耳を傾け、しっかりききたくなるような気分に誘うというやり方をとっているのであって、これも、私の気に入る理由である。そのことは、最初の楽章の発想記号として与えられているアレグロ・モデラートという言葉が、すでに、はっきり示している。モデラートというのは、ベートーヴェンには、珍しい表情である。五曲あるピアノ協奏曲では、ここ以外には出て来ない。この第四を書くまでは、彼は第一楽章は全部アレグロ・コン・ブリオと指定していた（そうして、第五はアレグロとしか書いてないが、このことは、演奏者たちがいつも必ずしも充分に注意しているとは限らない大切な事実だと思う）。つまり、この曲は第一から第三協奏曲までのコン・ブリオと同じようにひかれてほしくないと、作曲者は考えたのだ。そうして、ベートーヴェンは第四協奏曲で、はじめてアレグロにモデラートという言葉をつけそえただけでなく、一般にこのモデラートという表情を必要とすることが少なかったという事実も、よく考えるべきなのだ。

こう書きながら、私は、ほかに、どんなモデラートが、ベートーヴェンにあったかしら？　と考えてみた。そうして、念のため交響曲を当ってみたら、第一から第八まで全然出て来ない。第九に至ってようやく、緩徐楽章が、アダージョ・モルト・エ・カンタービレの部分とアンダンテ・モデラートの部分とから合成されているのに、ぶつかった。

ピアノ・ソナタでは、どうか。そう、作品一一〇の第一楽章がモデラート・カンタービレ・モルト・エスプレッシヴォだった。この曲も、私の大好きな曲である。そうしてみると、私には、ベートーヴェンの中でも、彼がモデラートと呼んだ時の「何か」に対し特別共感し、何かが心の底に通ってくるのを感じるらしいのだ。

ピアノ・ソナタでは、作品三一の三変ホ長調のメヌエットがモデラート・エ・グラツィオーソとあり、それから作品五三の『ワルトシュタイン』の終楽章がアレグレット・モデラートである。だが、曲の頭からモデラートというのは、ほかにはない。

こう考えると、全ベートーヴェンの創作の中でのこの曲の、特殊な位置が、改めて、はっきりしてくる。

ベートーヴェンにとっての「モデラート」という言葉は、単にテンポのことだけでなく、曲の性格からスタイルに及ぶ、一つのかなりはっきりした「意味づけ」を示しているのである。つまり、ここには極端でなく、中庸のとれた速さというだけでない意味が与えられている。

それをもう一つ、つっこんでゆくと、この第四ピアノ協奏曲の特徴として――まず第一楽章を主にみてゆくと――、主要な主題的楽想が、圧倒的にp、pp、あるいはエスプレッシヴォ、ドルチェといった具合の記号がつけられているのである。

あのピアノ・ソロではじまる大胆な開始はpのドルチェと示され、第三小節でいちど盛り上って*sf*がくるが、そのあとすぐ、それをとりけすみたいにデクレッシェンドされてゆき、そのピアノをひきついで始まるオーケストラは、ト長調から口長調の三和音に突然変って、*pp*のスタッカートで、そっと滑りこんでくる。このあと、たとえば第二主題は右手の旋律と左手のアルペッジョの間に三オクターヴと半という大きなすきまをおくという風変りの配置に加えて、*pp*、エスプレッシヴォでひかれる（一〇五小節以下）。それから、これに続く第二のモチーフも*pp*でドルチェ（一二三小節）、このあとのコーデッタの小さくてきれいなふし（一七〇小節）もピアノによってドルチェ・エ・エスプレッシヴォでひかれ、その間オケは*pp*という具合で始まり、そのあとではじめてクレッシェンドして*ff*に移ってゆくというわけである。

このあとも、こんな具合。*f*やクレッシェンドがないわけではないが、それらはあくまでも、*p*、*pp*、ドルチェ、エスプレッシヴォなどの楽想との対比、構造上の必要からおかれている。ベートーヴェンが得意中の得意、展開部であちこちの調子の間を移り歩いたあと、原調に戻る再現の頭で、大きなクライマックスをつくりあげる*sf*というのは、この曲でもみられるけれど（二五三小節）、それでも、*sf*や*ff*二小節で*f*に減衰し、さらにつぎの小節では*p*のドルチェにまで下ってしまう。

こういった第一楽章の性格の総しめくくりをつとめているのは、例のあの特別にすばらしいカデンツァ——カデンツァ中のカデンツァと呼んでもいいような——のあと、

p、ドルチェで始まった第二主題が、パッセージに移って、レジェラメンテ、ポコ・クレッシェンド、*pp*と微妙な明暗を描いたあと第一主題をまたしてもオクターヴのエスプレッシヴォでスケッチしたあと、大きなカーヴを描いて、巨大なもり上りをつくりながら、終る——その終り方であるが、ここでも重点は、その巨大なクレッシェンドと並んで、それをつくる前の微妙なドルチェの影の部分なのだ。

第二楽章も、構図こそ違うが、この*p*と*f*の対比、しかも*p*に重点があり、*f*はその対照上おかれるという構造は変らない。

違うのは、終楽章。ここでは、ト長調のくせに、いきなりハ長調で始まるという調性の巧妙ですごく効果的な和声上の設定がみられる上に、この擬似ハ長調の効果を強めるために、ベートーヴェンはそれまで使わずにおいたトランペットとティンパニを、ここで始めてくり出し、CとGの音を、いやが上にも吹き鳴らし、連打させる（ということは、同じ主題がト長調におきかえられると、この両楽器はほとんど沈黙してしまうのである。もっとも、三九二小節からのEs、As、FisにCが加わった和音では、トランペットとティンパニがホルンといっしょにさかんにCを鳴らすけれど）。

こういうわけで、この楽章だけは、先行する二つの楽章との対比と、終りを力強く盛り上げるという定石に従った性格をもっているけれど、それでも、*pp*で開始され、ソロが入って間もなくドルチェとなるとか、第一楽章の第二主題を思い出させるような副主題が提示されるまでの道をつくるパッセージは（六八小節以下）*p*からいったんクレッシェンド、そのあとディミヌエンドされて、主題に入ると、ここでも*p*のドルチェで、二声のごく薄い音の織物となる。

ところで、このところアシュケナージがソロをひいているベートーヴェンのピアノ協奏曲がつぎつぎ発売され、それをずっときいてきたが、その中でいちばん私の気に入ったのは、正に、この第四協奏曲だった。アシュケナージは、普通私たちがききなれているのよりは、おそ目のテンポで、静かにひき出す。しかし、静かといっても、その音は下からいってghd ghd ghと、三和音の音を三つずつ（dだけが二つ）たっぷり使って、こってりした響きとして開始するよう書かれている。そのあとも、音は盛んに重ねられて出てくる。それを、アシュケナージは、例のたっぷりとよく響くが、同時にほとんどいつだって透明さを失わず、団子みたいに一塊りになってしまうことのない、あの見事なタッチで、音にする。

ベートーヴェンのころのピアノが、こんなに豊麗を極め、しかも夢の中の出来事みたいに、その音のまわりにある名状しがたいものが漂って輪郭の強さをあらわに出さないような響きをつくり上げることができたのかどうか。私にはわからない。しかし、ベートーヴェンが、そういう音をイメージすることがあったのではないかということは、私は、第四の前の第三ピアノ協奏曲の緩徐楽章ラールゴをきくたびに想像してき

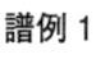

た（譜例1）。

これは、その出だしだが、最初の和音の下に書きこまれた「ペダルをつけて」が、そのあとずっとそのままいって、第四小節目の頭でやっと「ペダルをはずして」となる（このつぎにまたペダルがはじまるけれど）。現代のピアノでこれをベートーヴェンの指示通りにやったら、音が濁ってどうにもならないだろう。従って、ここは、古来いろいろな説が出され、いろいろな解決策が考えられてきたところだ（その詳細については、たとえばDerek Melville "Beethoven's Pianos"〔*The Beethoven Reader*, 1971, Norton New York収録〕にもかなりていねいな考察がある）。

その論者のいうように、ここでのベートーヴェンのペダルの指示は弱音器の使用を意味し、事実、この曲の初版ではcon Ped.ではなくcon sordinoとなっていたという事情もあったかもしれないのだが、たとえ弱音だとしても、ここでのピアノ書法は、かなり厚ぼったい音を前提としている。同じようなことが、第四ピアノ協奏曲の頭にも観察される（譜例2）。

譜例2

アシュケナージはピアノからこういう音響を出すことでは当代一、二を争う名ピアニストである。

しかし、私が感心したのは、このわずか四小節半の主題の響きそれ自体というよりも、このあとをつけて、思いきっておそいテンポと繊細な*p*で進んでゆく、メータ指揮のウィーン・フィルハーモニー・オーケストラであり、それから、今度はそれに合わせて、歯切れが良くて、柔らかな弾みをもったリズムや、ほれぼれするようにきれいな音階のレガート等々を通じて、くりひろげられるアシュケナージのピアノの名人芸であった。

これほどのピアノは、めったにきかれるものではない。しかし、このやり方で、この長大な曲を全部ひききるのはむずかしい。主題的楽想のほとんど全部がドルチェとかエスプレッシヴォと指定されているので、楽想間の対照が弱まり、その結果全体が平板で弱いものになりやすい。だから、かつてのピアニスト、たとえばシュナーベルなどは、テンポをおそくとらなかったり、しなやかな中にも、鋼鉄のような張りを感じさせるようひいた。アシュケナージは、それに比べると、柔軟派に属する。だから、時々どうかなと思うところもなくはない。しかし、全体として、これが私にとっては、長い間夢みていたこの曲の好ましい演奏にいちばん近いものという印象は動かせない。

アーノンクール、ヨーロッパ室内管弦楽団／『交響曲全集』

日本という国が、ときに、恐ろしくなることがある。何かというと、国中がそれ一辺倒になりやすい傾向が強いからである。今年（一九九一年）はモーツァルトの死去二百年に当るというので、やたらモーツァルトの音楽が鳴らされ、モーツァルトに因む印刷物が出てきた。「モーツァルトは嫌いじゃない。それどころか大好きだ」という人でさえ、今年のような有り様だと、耳をふさぎたくなったり、どこかに逃げ出したくなったりしたことが、何度か、あったのではないか。

私も、その一人。それで先月、アーノンクールがこれまで入れたモーツァルトの宗教音楽や後期交響曲などのセットが出た時も、その一部をきいて、これについてかこうかとも考えたのだが、さて、かくとなると、セットの全部をきくことになる。しかし、このモーツァルトびたし、モーツァルトの氾濫の中で、私にその忍耐と根気があるだろうか？と思いかえした末、やめてしまった。

その時、同じアーノンクールの――しかしモーツァルトの時のアムステルダム・コンセルトヘボウ・オーケストラでなくて、ヨーロッパ室内管弦楽団と組んで、ベートーヴェンの九つの交響曲を入れたセットも出ていたので、好奇心にかられて、ちょっとかけてみた。『第七交響曲』の第二楽章である。

その最初のイ短調の三和音が鳴り、二小節半にわたって、ずっと響かされているのを耳にした途端、私は、しめつけられるような思いで胸がいっぱいになった。

「ああ、ベートーヴェン！」

私が思わず叫びそうになった自分を抑えると、声にならない声の、溜息みたいな音が出てきた。

モーツァルトをいやというほどきかされてきた中で、突如として鳴り出した、この大真面目で、憂鬱なイ短調の響き。

オーボエ、クラリネット、ファゴット、ホルン、それぞれ二本ずつの管楽器だけで、*f*から出発して、デクレッシェンドして、*pp*にまで、重く、しずかに、心の底まで段階的に沈んでゆくこの響き。

その最後の音に重なりながら、今度はヴィオラ、チェロ、コントラバスの低弦だけで、「歌」が――いや、歌というより小声で、腹の底からもれてきたようなうめき声のようなものがきこえてくる。それはまた、地底の上げる嘆きだといってもいいかもしれない。

「ああ、ベートーヴェン！」

　しかし、これは、やっぱり、れっきとした歌である。というのも、アーノンクールに指揮されたオーケストラは、四分の二拍子を第一拍、第二拍と、いつも強弱、強弱と区別して鳴らすだけでなく、偶数小節、つまり第二、第四小節の第二拍を、さらに、一段と弱く鳴らす。それに、四小節ずつの単位の区切りもはっきりつけ、そこから、フレーズごとの吐く息と吸う息の交代が自然と「歌」のスタイルになってゆくよう誘導するのである。

　これはもう、この主題——同時に、このリズムの単位——が出た時から、楽章が終るまで、一貫して保持されるアクセントのつけ方である。

　フレーズの区切りをはっきりさす。区切りごとに、ほとんど“Luftpause”（息をつぐ休み）と呼んでもいいような微少の休みをはさみながら、タクトの強弱を固持する。そこから「歌が生れてくる」というから、たとえ器楽であっても、根本は、音楽は「歌わせる」ことに始まり、それにつきる。それからレガートとノン・レガートの明確な区別の厳守。一度気がついて、それを意識しながらきくと、彼の演奏は、このマニフェストみたいな気がしてくる。

考えようによっては、計算ずくのわざとらしい手法だといえるかもしれない。だが、ここではそうならない。それがアーノンクールという音楽家の腕の見せどころである。

フルトヴェングラーをきいても、またヴァルター、トスカニーニからバーンスタインに至る人たちの場合でも、この主題を、こんなに強弱、強弱と、はっきり段階づけて、ひいている例はなかったのではないか。少なくとも、私は今ちょっと思い出せない。みんなは、これまで、もっと平均的なpで、もっと同等のダイナミックの歩みで、ひかせていたように記憶している。

また、フルトヴェングラー、トスカニーニから今に至るまで、この楽章は憂鬱な嘆きの音楽だったり、悲しみの葬送の音楽であったりしてきた。その深い悲しみと嘆き、哀悼の思いはこのアーノンクールでも同じなのだが、しかし、この演奏は、今いってきた点で、つまり主題が、方法的に「歌」として、扱われている、その断然たる決意の点で、私のきいた多くの例と違う。

違いは、それだけではない。

アーノンクールという人は、何をやるにせよ、それを徹底的に、つきつめずにおかない。

彼は、いわゆる「古楽器」による演奏をはじめた先駆者のひとりであるが、古楽器に限らず、「近代的楽器」というのか、要するに今の——あるいは、今までというべきだろうか?――楽器をつかった演奏も、あわせて、やっている。

この「ベートーヴェン交響曲全集」のセットも、そうだ。しかし、この演奏できくと、ベートーヴェンは、カラヤン流の磨きのかかった円滑流麗の音色、あるいはショルティ流の強力豪胆とも違って、粗削りというか、ザラッとした手ざわりの、しかもどこかでもろく傷つきやすい敏感さをもった響きがある。

それでいて、実にこまかなニュアンスの出ている点にも気づくのである。

要するに近代的ないし現代的楽器による管弦楽でも、特性的な響きの演奏をする余地がまだあるということだろうか。管と弦の分離が際立ってきかれるのは、録音の仕方とも関係するのかもしれない。あるいは弦と管の数の比例の関係かもしれない。特に管の響きが格別強く耳につく。それが、第二楽章では、はじめの管ばかりの三和音と、つぎに出る低弦ばかりの歌主題との対比の鋭く烈しい悲痛感の醸成に大いに役立っている。そればかりでなく、この楽章を通じて、主題に、幾つかの対位旋律がからみながら同時進行する時の量感にみちた手ごたえの起因にもなっている。

とにかく、すごい演奏である。ベートーヴェンは、モーツァルトが考えもしなかった――望みもしなかった――音楽をかいたのだ。当り前のことだけれど、この二人の音楽が、月と太陽みたいに、あるいは大陸と海みたいに違うものだということを、最初の数小節でもって、こんなにはっきり示している演奏できくのは久しぶりである。

このことは、もちろん、第一楽章でだって、すでに明らかにされていた。ただ、私が——さっきかいたような次第で——第二楽章からきき出したので、順序が逆になったにすぎない。

第一楽章、あの長大なポコ・ソステヌートの導入からはじまって、ヴィヴァーチェの主要部をもつ楽章。ここでも、アーノンクールのアクセントの強調とフレーズの区切りの明確さは変らない。

ヴァーグナーが『第七交響曲』のことを「舞踏の聖化」と呼んだということは、これまで百回も百万回もくり返し筆にされてきたけれど、その「舞踏」とはリズムとアクセントの限りないニュアンスの変化と、その基本にある法則を鋼鉄のような確乎たる厳しさで順守することにほかならないといったふうに実行に移されたのが、この演奏である。ここでのリズムの動きは、正に生きた人間の躍動をみるようにおもしろい。それに、第三、第四楽章のすごさ。

この間、「バーンスタイン／最後のメッセージ」というLD（S-SRLM936）で、死をあと数カ月に控えたこの指揮者が、オーケストラの若い、ミュージシャンたちにシューマンの『第二交響曲』の第二楽章スケルツォで最初のフレーズの練習をつけながら、「君らのひき方はただどんなにはやくひけるかのショーみたいなものだ。しかし、このフレーズは、そういうものではない。これはベートーヴェンから出たもので、ベートーヴェンもすでに“mad”だったが、シューマンはここで、それに輪をかけて“mad”な音楽をかいたのだ」と言っていた。日本語に訳してスーパーインポーズした人は、なぜか、この“mad”という言葉を、「激越な」とかいったふうの日本語にしていた。意味はそういうことだろうが、しかし、“mad”はあくまでも“mad”であって、「激越な」というのでは、大切なところですれ違ってしまう。バーンスタインの言おうとしていたのは、「狂気の」音楽、「正気でない」音楽ということなのだから。

アーノンクールの指揮で『第七交響曲』の第三楽章、それから特にフィナーレのアレグロ・コン・ブリオの始まるのをきいていたら、このバーンスタインの言葉を思い出した。

これは正に「気のふれた人の音楽」である。出だしからそうだが、そのあと、二四小節以下の後楽節に入って、管楽器たちが全奏する時の、けたたましいまでの響きのすごさ。正気の沙汰ではない。

その音のあまりの強さに、ほとんどショックに近いものを覚えた私は改めて解説書を読んだら、アーノンクールはトランペットだけは古楽器を使っていたのだった。

そのせいか、ここでの金管の全力をあげての*ff*と、それに対し必死になって抵抗しバランスをとろうとする弦の*ff*とのせめぎあいは、バーンスタインのいう、正に“mad”な音楽の典型のような具合である。

これが初演された時、当時の聴衆はどんな顔できいたのか。私たちはもう慣れっこになってしまったので、『第七』をきいても、「気がおかしいんじゃないか」と思わない。それどころか、これは迫力満点だが、同時に一糸乱れず整然として行進する無敵の軍隊のようなものだと思って、安心してきく。

しかし、アーノンクールできくと、もう一度、当初の目印"madness"が戻ってくる。それに、第二楽章のあの重く深い憂鬱、悲嘆を合せてみると——いや、この演奏を論じて、第三楽章スケルツォで随所にはさまれた例の「吐息」のモティーフに与えられた*p*、*pp*の鮮やかな効果、あるいは主要部とトリオの対比の見事さといったものも、全くふれずに終るわけにいかない——、これは、フルトヴェングラー以来、最初の「新しい」演奏であり、その新しさは、ベートーヴェンの音楽のもつ原初的なすさまじさ、常軌を逸したもの、ドストエフスキーやムソルグスキーやニーチェを含む十九世紀の人たちだったら「神聖な狂気」と呼んだであろうような重大な性格を、もう一度、音にしてみせた点にあるといっていいだろう。くり返すが、これはモーツァルトの音楽とは全く違うものだ。

この『第七』をきいていると、「モンテヴェルディをやるにせよ、バッハ、モーツァルトをやるにせよ、ベートーヴェンをやるにせよ、もう一度、それぞれの音楽の生れた当初の『新しさ』をとり戻す演奏でなければ意味がない」と、アーノンクールが言っているのが聞こえてくる。

私はかき落していたが、この演奏で、管のソロとか各楽器群の声部が単独でひかれた時の、その音のニュアンスに富んだ鮮明さにも、私は非常な魅力を感じたものだった。

これはベートーヴェンの全交響曲のセットだが、私は『第七』だけきいてかいた。あとで『第九』を少しきいたら、スケルツォのトリオのはやいこと！　普通ではない。ベートーヴェンのつけたメトロノームの数字が古来、指揮者や研究家の頭を悩ましてきたことは、ここでことわるまでもあるまい。アーノンクールは、近代の多くの指揮者と違って、ベートーヴェンの指示に従っているらしく思われる。また、終楽章の歌が入ってからの、彼のテクストの言葉の発音、発声についての綿密な配慮、特に歌詞のフレーズ、句読点などをはっきりさすための格別の処置にも注目すべきものがあった。くどいほど、はっきり休みを入れて歌わす点にも——偏執狂といったら言いすぎだろうが——「常識」とは違うものがある。

『第八』の第一楽章も、きいた。トスカニーニ以来の——しかも、それを越えた——瘤みたいな筋肉の盛り上がって、ごつごつした逞しい演奏だった。

こういったことの一切は、ほかの交響曲とともに、いずれ、かいてみたいと思う。

マゼール／交響曲第1番、2番

今月はまずメータを。メータでは先月のマーラーの第四交響曲に引続き、ブラームスの第二交響曲のレコードが出た。前者はイスラエル・フィル、後者はニューヨーク・フィルを指揮したもの。

マーラーは、この間、レヴァインを中心に、あれこれききまくったので、今度は一休み。ブラームスをきいたのだが、さて、どういったものか。第一楽章の出だしは、すごく良い。ちょっと、亡きバルビローリを思い出したが、目立っておそ目のテンポで、ゆったりと幅広く、音楽が流れてゆく。正に、中央ヨーロッパのちょっと小高い丘に立ってみると、一望、果てしなく拡がる平原が見られる、あの感じである。しかも、その広大な風景の中には、きらきらと銀色に光る川の流れがあったり、鬱然と盛り上っている森があったり、そうして広々とした緑の牧野の上を白い雲が流れてゆく、とでも形容してみたくなるような具合である。音楽は、その中で幾つかの段階の積重ねとして書かれ、色と形と光と影との上で幾様でも変化しながら、厚みと奥行きを増してゆく。

メータも、いよいよ年輪の厚みを感じさす指揮をやるようになった。こうしてきくと、ブラームスのこの交響曲が、ベートーヴェンはもちろん、シューベルトより何より、ずっとブルックナーに近いような、大きなスケールと足取りでもって前進する音楽のようにきこえてくるのである。それにまた、いつの間に、この人は、音楽を歌わせるのがこんなにうまくなったのだろうか？　と感心する。ニューヨーク・フィルもよく歌う。

第二、第三楽章も悪くない。

だが、第四楽章に入った途端、私は、まずそのやたらと速いテンポに驚き、続いて、ここで、いままでの落ちつきと自足の安らかさが嘘だったみたいに、やたらと雄弁口調でたたみかけてくるダイナミックな音楽のつくり方に閉口する。

「そうだったのか。君は、このフィナーレの盛り上りの音の光学から、先行する三つの楽章を逆照射し、その対照として、第一楽章のあのおそすぎるくらいおそいテンポや中間楽章の控え目のダイナミックなどを設計したのか」と、私は考える。しかし、残念ながら、ブラームスはマーラーでもブルックナーでもない。マーラーたちは、たしかに、フィナーレに到達し、そこではじめて完全に実現する音楽としての交響曲を幾つか書いた。

メータは、もう一度、何かでき直してみることにして、このあと私は、ロリン・マゼールのレコードを手にとってみた。今年に入ってから、マゼールの入れたベートーヴェンの交響曲のレコードが、サイドテーブルの上につぎつぎと積み重なってきているのに気がついたのだが、私はろくにきかずにいた。ただ、第三と第七だったかを、少しずつ、きいた時、「おや、マゼールはどういうつもりかしら？　これでは、この二つの交響曲がそれぞれ非常にちがう音楽になっていることはよくわかるけれど、それだけ逆に、この二枚が同じ指揮者のやったものとは考えにくくなるではないか」と思ったのだった。それだけに、「あらゆる音楽評論家がこれまでくりかえしてきた、『ベートーヴェンはどんな時もくりかえしを避け、必ず新しい考えがあった時はじめて新しい曲を書いた。彼の九曲の交響曲は、それぞれちがう世界を展開し、啓示している』というテーゼに、これくらいぴったりの演奏態度はないのかもしれない」という気がしたのも事実である。ただ、私は、そう感じただけで、この点を深く、こまかく追及することなしに今日まで来た。

だが、今月来たのは第一と第二交響曲のカップルであり、この両曲、特に第二は私の好きな音楽なので、食欲が唆(そそ)られた（ＣＢＳ・ソニー　25ＡＣ757）。

第一と第二をきいての結論をいえば、近来これくらいひきしまった、緊張力の強く高く、しかも気品のある両交響曲の演奏は珍しいのではないか、ということだ。ベートーヴェンの全交響曲のシリーズといえば、私は、故ジョージ・セルの残したものを高く評価しているのだが、これは、それに最も近い線をゆく。およそ、ベートーヴェンが、この二曲で、どんな音楽をやったのか、やろうとしたのか、この曲には何が書いてあるのかといったことを、この演奏ほど、明確に、正確に伝えるものは、めったにない。たとえば、第二交響曲の導入（譜例18　第一楽章、第六小節、第一ヴァイオリン）。

私はこの箇所が、こんなに精密に正確にきちんと弾かれ、しかも「音楽的に、きれいに」歌われているのをきいたことは、思い出せない。若いベートーヴェンの、火のように熱烈で、しかも一点一劃もいやしくしない、正確なエクリチュールは、この演奏を通じて、はっきり伝わってくる。贅肉のない、まことに筋肉質の音楽作りである。だから、同じ第二交響曲の終楽章のコーダに入ってからの音楽の深まり方、ベートーヴェン独特の不思議な魅惑力を秘めた陶酔的転調とリズムのたたみこみもすばらしい効果を上げている。この演奏でものたりないのは、ただ一つ、音楽が完全に「歌いきらない」点だろう。とかくレガートよりスタッカート、デタシェの方が、耳を占領し、その前面に立ちふさがる箇所が多すぎる点だろう。だから、リズミックで弾力性にとんだパッセージは見事で、精彩にとんだダイナミズムを発揮するのだが、歌謡的なものが長く続く楽段は、心に迫ってこない。第二楽章の主題が第二、第四、第六小節と二小節の切れ目ごとに短かい休止をはさむなど（譜例19）、たしかにボーイングの指定と合せて、全く正確で文句をいう筋はないのだが、しかし、きくものを酔わせない。人によっては「冷たい演奏」というかもしれないが、私はそうは思わない。前述のようにリズミックな箇所では、文字通り、炎のように燃えているのだから。

第四や第六はどうか、今度きき直してみよう。

トスカニーニ、NBC交響楽団／『交響曲第5番』、他

LVD／CBSソニー　00LS2011〜20（廃盤）

トスカニーニがNBC交響楽団を指揮していたころのライヴのフィルムが残っていて、その中から一九四六年から五二年にかけての演奏風景が、ヴィデオ・ディスクになって発売された。全部で十枚。そのうち、私は六本を見終ったところである。「十枚見終ってから」とも思ったが、そうなると、しめきりに間に合わない恐れがある。それに私のこの連載での仕事は《今月の一枚》である。十枚の半分以上見て書いてもよかろう。

一口でいえば、もちろん、大変おもしろかったし、感動さえした。

実は、私はトスカニーニがNBC交響楽団とやった演奏を、何度か、ニューヨークできいているのである。きいているというより、カーネギー・ホールにいって、その演奏をみながらきいたのである。一九五四年の春のシーズンだった。そのあと、私は

パリに渡った。そうしたら五月か六月か、まだニューヨークにいた福田恆存さんから新聞の切りぬきがとどき、それでトスカニーニの引退を知った。その記事には、例の――といっても、今の若い人はもう知らないかな――『親愛な諸君に、さよならをいわなければならない悲しい時が来た』という言葉ではじまる公開状も入っていた。その中で、飾り気も感傷もない単純な言いまわしでもって、トスカニーニは書いていた。「何月何日の公開演奏の途中で、突然――たしかドビュッシーの『夜想曲』の中の《雲》だったか《祭》だったかと覚えているけれど――このさきどうなるのか、思い出せなくなった。老齢により記憶力が衰え、精神の集中力が失われたのである。だから、私は去る。いままでの長い間の支持に感謝する云々」といかにも、トスカニーニらしい、決然たる、そうして、すがすがしい身の処し方で、天下の音楽愛好者は、知るも知らぬも改めて、彼の高潔な人間性を認識したのだった。もちろん、残念なことだと考えたものも多かったに相違ない。しかし、あの暗譜力の優秀さにかけては、さまざまの逸話を通じて、ほとんど伝説的な存在だったあのトスカニーニが、ある日音楽をやっていて、突然そのさきがわからなくなったという、その事実をつきつけられた私たちの衝撃は小さくはなかった。

　ところで、あのころのトスカニーニとＮＢＣの演奏は、ＮＢＣラジオ放送局の放送に限られていた。はじめはＮＢＣのスタジオ、それからあとになってカーネギー・ホールに移ってのライヴ放送だったが、とにかく、その演奏の現場に入るのは、いわば公開放送の席に立会うことを意味した。だから、普通の演奏会みたいなハデな社交的雰囲気はなく、演奏者は、指揮者を含めて、モーニングか何か、トスカニーニ好みの黒い詰め襟服をきて出てきた。拍手があっても、大袈裟な答礼もない。ラジオなのだから。それに、これは、午前だったか午後早くだったかのマチネー公開演奏であり、入場料はタダだった。というと、安いみたいだが、実はタダというのは、申込みを受け、クジに当ったものに入場券を送るという制度なので、かえって、厄介でもあった。私は、ニューヨークに何年もいるが、クジ運が弱くて、一度も当ったことがないといって嘆いていた人を知っている。

そんななかで、私は、幸運にも、数回、入場を許された。きいた曲目も全部は覚えてはいないが、ボイトのオペラ『メフィストーフェレ』の演奏会形式の演奏二回のことは比較的よく覚えている。それからブラームスもきいたはずだ。

そんなわけで、こんど出たヴィデオ・ディスクをみた瞬間の私の最初の反応は、まず懐しさだった。三十年前の昔が急に戻ってきたようなものだから。

それと同時に、その場にいて演奏をきいたといっても、指揮者については、彼の背中をみていただけなのに、こうして、フィルムとはいえ、正面や横からみながら、きくということは、ずいぶんと違う経験を可能にする。当り前の話だが、ここでも、それを痛感する。ことにトスカニーニの指揮は、身ぶりも棒のさばきも大袈裟でなく、根本になるテンポを正確に明確にとることと、音が局部的にとび出さないよう、指を口に当てたりしながら、「ピアノ、ピアノ」と抑えにまわること、この二つを土台にしたものなのだから、前からみようと、背中をみていようと大差はないはずなのに、実際は、やっぱり違うのだ。

何が違うのか。そうして、それがトスカニーニを理解する上で、どういうプラスになるのか。

今度出た十巻のディスクの中に、セザール・フランクの『贖罪』、シベリウスの『エン・サガ』、ドビュッシーの『夜想曲』の《雲》と《祭》、最後にロッシーニの『ウィリアム・テル』序曲の四曲というプログラムの演奏会をとったものがある。この四曲はずいぶん違う性質の音楽である。ドイツものがないとはいいながら、フランクとドビュッシーでは同じフランス音楽と簡単にいえない違いがあり、ましてロッシーニとシベリウスの対照も大きい。当然、順々にきいてゆくと、ずいぶん違った音楽をつぎつぎきくことになる。だが、ディスクでみていると、トスカニーニの「音楽に対するアプローチ」そのものには、音楽が違うほどの差はないようにみられるのである。彼は、どの曲も、正確に、几帳面に指揮し、演奏さす。シベリウスで特別フィンランド的（?）な民族色を出そうとつとめた風情(ふぜい)もなし、ドビュッシーのあとロッシーニをやっても、特にこれから少し気楽にのびのびやりましょうという様子は、ほとんど、示さない。最初から最後まで、まじめであり、かっちりやる。

くりかえすが、それでも、ドビュッシーとシベリウスの音楽は違って響く。それは当り前だ。それぞれの音楽そのものが違うのだし、トスカニーニは、それぞれの曲を忠実にやることを、ひたすら、心がけているのだから。

私は、これをみていて、かつて「音楽は人類共通の世界語であり、普通の言葉の通じないところも、音楽でやれば、誰にも通じ、世界中の人々が理解し合える」といった考え方が一般だった時代を思い出した。私自身、その時代に育ち、私がアメリカにいったころも、これが世間共通の認識だった、その中で、ごくごく特殊なローカル・カラーはあり、あるものは「ジプシー音楽」だったり、「インディアン何とか」だったり、「ウィーンのワルツには特殊なものがある」とかいうことは、皆口にしていた。それでも音楽の根本は世界共通語だと思っていた。だからこそ、日本の音楽家になろうと志す若い人たちは、ベートーヴェンやモーツァルト、ドビュッシー等々を勉強しに、欧米に出かけていたのである。

トスカニーニは、そういう時代を代表する大指揮者だった。このことが、このヴィデオ・ディスクをみていると、私には、実にはっきりきこえ、かつ、みえてくるのである。私は「大指揮者」と呼ぶ。こういう万国語を語って、この人は、正確で清潔だが、決して機械的でも、無機的でもない、りっぱに「味も香りもついた」音楽をやったのだから。

その音楽は、彼の指揮ぶりと同じように、造型的——というか、彫塑的、立体的で、古典的な均整のとれた、端正、端麗な音楽である。こういうスタイルのワーグナーをきいていると、これなら、何時間きいていても、そんなに疲れずに、細部に至るまで、はっきりした、きれいな音楽として、きき通せるな、と考えてくる。

大理石の大建築をみるようなワーグナーである。断章しかないのが何とも心残りなくらいだ。

だが、今のフランクからロッシーニ、ワーグナーときいてきてベートーヴェンの『第五』の入ったディスクをきくと、オヤッと思う。私の気のせいか知らないが、楽屋から出てきて、指揮台に上り、楽員の顔をひとわたり見まわす、彼の顔つきが、いつもと違っているのである。緊張度が違うというか、これから『第五』をやるのだぞという意気ごみが感じられ、身体中から、ほかでは経験しなかった精悍さがほとばしり出てくるのである。もちろん、『第五』は、最初のあのタタタターというアインザッツからして、単にきちんと揃って出てくるという以上に、「音楽としてのある並々ならぬ決意」というか、異常な雰囲気を感じさすものになっていなければならない。だから、ゆったりした余裕などないのは当り前である。

しかし、それにしても、トスカニーニの表情は普通ではない。そうして、そのあとからはじまる音楽は、ものすごい迫力と躍動感をもって前進する。「かつては『第五』はこうでなければならなかった」。しかし「このごろはこういう解釈でなく、もっと普通な音楽として、肩に力を入れた気ばったひき方でなく、もっと流れるようにやる」という人もいるだろう。ここできく第二楽章など、単にテンポが速いだけでなく、直線的直角的な進み方に面喰う人もいて不思議じゃない。だが、トスカニーニにいわせれば、「私がこうやるのじゃなくて、ベートーヴェンがこう書き、こう望んでいるのだから」ということになるに相違ない。いくら彼が、機械的なイン・テンポ一点張りでなく、緩急の変化も用いるとはいっても、彼がそうするのは、一つのフレーズの中で気分によって変えてしまうというのでなくて、楽想の変り目、フレーズの切れ目で、必然性がある時に限られるのだ。また、この『第五』ではスケルツォの開始で、一度棒を上げてから、また下し、アインザッツをやり直していたが、こんなこと珍しいのではないか。しかも、そのあと開始された時のチェロとバスの入りの柔らかできれいなこと！

そうはいっても、トスカニーニの『第五』には、フルトヴェングラーの『第五』とは、まるで違うけれど、それに劣らない「精神的な高さ」がある。フルトヴェングラーは「深み」を感じさすが、それは時々、流れたり淀んだり、高くなったり、低くなったりする大河みたいな趣きの中での、それだ。それに対し、トスカニーニのは、それこそ、一分の隙もない精鋭部隊の前進、山を越え、谷を渡って勇ましく進む軍隊みたいな趣きがあり、しかも、それが少しも大袈裟に感じられない。むしろ内から燃え上るものを抑えながら、前進するみたいな、きりっとひきしまった筋肉質の音質なのである。

そのダイナミックな強靭さと、汚れの感じられないきれいな動き。やっぱり、すごい演奏だというほかない。目ざましい速さで、塵一つ立てず躍進するさまは、正に精鋭揃いの交響楽団であって可能な演奏といってよかろう。私は、ニューヨークで、たまたま、何かの機会に、この交響楽団のコンサートマスター以下の数人と話をしたことがあるけれど、わずかの間、トスカニーニの指揮の話をするつもりが、「ここはこう、あすこはこう」と、彼のやり方をすっかり知りつくしていて、それを単に言葉でいうのでなくて、その場で楽器でひきながら説明するので、つい、長くなってしまった記憶がある。斎藤秀雄氏も、よく、世界のオーケストラの話というと「日本に来たので、いちばんすごいと思ったオケはNBC交響楽団だった。あれは文字通り粒揃いで、第二ヴァイオリンのいちばん終りの席にいる男まで、よくひいてた」と——それはまだ、今のように世界中のオケが一流から何流に至るまで、入れかわり立ちかわり日本に公演に来るような時代になる、ずっと前の話ではあるけれど——いってたものだ。このヴィデオ・ディスクに映っているのは、そのオケが、全力を発揮して演奏していた全盛時のものである。

以上、私は『第五』はきいた。ブラームスも『二重協奏曲』や『愛の歌』や『ハンガリー舞曲』の入った巻はかけてみたが、第一交響曲はまだ。そうして、ベートーヴェンでは『第九』を残している。どんな演奏になるか、予想はしても、きいてみたら、『第五』みたいに、思いもかけなかったものがとび出してくるかもしれないという気もして、楽しみでもあれば、やたら気軽にはかけられないぞという気がしてくるのである。

それにしても、彼が楽屋とステージの間を、ちょこちょこ、出たり入ったりする姿をみていると、やっぱり八十歳、八十何歳の老人だなと思わないでいられないのに、指揮台に上ったあとでのあの姿、顔つきの鋭い強さといったら、どうだろう。それに小さく左右に構えた両手と、その間にあって、きらきらと輝く両眼の光り。小さく、控え目にリズムをとることを主眼に動かしている手が、ごくたまに、大きくゆれ、炎と燃えたかと思うと、また、小さくなり、これ以上小さくなりようのないくらい控え目になったりするのをみていると、私は思わずそのむだのなさに溜息(ためいき)が出る。リヒァルト・シュトラウスも、棒を短かくもって、右手を肩の高さに上げ、手先きでその棒の先きをわずかに上げたり下げたりするくらいで指揮したものだったという話をきいたものだが、トスカニーニのは、控え目でむだはないが、もっと変化があり、みていて、何ともたのしくて、しかもたのもしい思いがしてくる。

　そうして、演奏が終り、拍手が響くと、彼らの方に向き直り、ほんの少し頭を下げたか下げないかといった程度の、そっけない、無雑作な挨拶をして、また、くるっと楽員の方を向いてしまう。それでも、拍手がやまないと、今度は、楽員に向って手を拡げ、「今度はお前たちの番だぞ。さあ、立ち上って聴衆に挨拶したまえ。おれもめんどう臭いがいっしょにやるよ。それがすんだら、つぎの曲」といった調子の身ぶりをする。拍手されてうれしくないことはなかったろうが、照れたのか、めんどうくさいのか、その両方だったのか。

ムター／『ヴァイオリン・ソナタ全集』

CD／グラモフォンⓓPOCG90233〜6

まだカラヤンが元気だったころ、アンネ＝ゾフィー・ムターの独奏でベートーヴェンのヴァイオリン協奏曲のLDを作ったことがある。といっても、それは一九九〇年の製作と一九八一年のそれと二回あったのだが、私が今ふれたいのは後者の方で、ここではヨーロッパ・コミュニティー・ユース・オーケストラといっしょに演奏している（もう一方はベルリン・フィル）。

これが実にきれいなのである。それは何とも甘く美しく、いってみればかつてフランスのスキラ出版社から出た美術書に出てくるルノワールか何かの絵のような美しさである。一九八一年といえば、ムターは一九六三年六月の生まれだから、当時十八歳というわけだった。十八歳なら、もういわゆる天才少女といわれるような年ではない。大人と子どもの間でも、普通ならすでに思春期にいる。ここでみる彼女は、ちょうど何か難しい年齢にさしかかっているのが感じられる（といっても、ＬＤは一九八一年の製作だとして、この演奏風景が実際はいつのものかは書いてないので正確にはわからない）。姿恰好だけでなく演奏ももう一人前になっている。しかし、カラヤンがそばに控えていて、彼女とすれば、いざという時は彼が頼りという風情はありありとわかる。

とにかく十八歳の若い女性が老大家の庇護の下に、ベートーヴェンの協奏曲で、これ以上甘く美しい演奏はあるまいと思われるほどの極彩色の絵巻をくりひろげているという印象を与えずにおかないのがこのＬＤであった。

それから十七年たった今は、カラヤンはとっくに死んで、彼女の上に大きな翼のように拡げられていた影が消えて何年にもなる。その間に、彼女はその影をぬけ出し、自分のアイデンティティーを確立しようとどのくらい努力して来たことか……。

というのが、今度出た彼女のベートーヴェンのヴァイオリン・ソナタ全一〇曲のセットをきいて、私がまず抱いた感懐である。

それくらいこのセットは、極めて強烈な主張に満ちたものになっている。それも必死になって全力投球している彼女の姿勢が手にとるように見えてくる演奏の連続といってよい。

このセットのもつ意義はこういった彼女の意志だけではない。出来からいっても、これは、多分、専門家にはいろいろと考えさすものを含んだ演奏であろうし、過去にある特殊なキャリア――華々しい栄光といってもいいけれど――をもった一人の音楽家の生き方の記録としてみても興味深いものになっている。

と同時に、これはベートーヴェンが書き残した全一〇曲のヴァイオリンとピアノのためのソナタの意味を新しく見直すという仕事であるという点からも、ベートーヴェンの何かのソナタを入れたCDとは全く違う性質の仕事になっている。ムターは、かつてカラヤンの下でやった協奏曲の中に象徴される美しく甘いベートーヴェンの像に逆らって、別のベートーヴェンを提出する。それは新しいベートーヴェン像を築くというだけではなく、かつての自分のアンティテーゼを提出することでもある。つまり、ここでは一人の音楽家がベートーヴェンの追求を通じて、新しい自己の確立を計っているのである。

そのために、第一に、ヴァイオリン・ソナタ全一〇曲を一挙に発表するのが絶対に必要になる。これまでも、ベートーヴェンを語る人は、みんな、交響曲全九曲とかピアノ・ソナタ全三二曲とか弦楽四重奏曲全一六曲とかを、一つ一つバラバラでなく、全体の関連の中で論じる。それは論者の気紛れとか思いつきとかではなくて、ベートーヴェンという音楽家の生き方と創造の道との間に存在する、切っても切れない関連性から生れてくることなのだ。

こんなことは、改めて言わなくとも、みんな知っている。しかし、今まで、彼のヴァイオリン・ソナタについて、このことをムターのようにはっきりと主張した人がいたかどうか。私は知らない。もちろん、この場合、話はただ曲の解釈とかベートーヴェンの生き方の伝記的研究とかに止まらないで、演奏の実践を通じてである。この点で、たとえば私たちはアルゲリッチとクレーメルとがかつてやった全一〇曲のCDの演奏のことを思い出してみてもいいのだが、あの時の二人は、それぞれの持ち時間を調整しながら曲を組合せては楽しそうに、一枚一枚を出していた。そうして、その結果全曲が入ったわけだが、CDを作るのに、どの曲とどの曲を組合せて一枚にするかという音楽論理の上での必然性は大してなかった。もちろん書かれた時期を考えて組合せるという配慮は払われていたけれど。

ムターのは、そういう次元の組合せではない。たとえ、CDそれぞれに入った曲の組合せがアルゲリッチたちと同じになっている場合でさえ。

これは実に思い切った演奏である。今まできなれてきたのとは違うところは、たくさんある。あんまり多すぎて、私でさえ、これまでこういう場合によくやって来たように、一つ一つ具体的に拾って書く気が、あんまり、しなくなったくらいである。各曲各楽章のテンポ、ダイナミックス、フレージング、音色の変化からリズムに至るまで、いろんな点で、オヤッと思わせられることが少なくない。

まず、初めの作品一二の三曲からして、そうだ。しかし、ここで特に気がつくのは、曲の性格のことで、作品一二――つまりは、どれも一七九九年という早い時期の作曲であるにもかかわらず、これらの曲はもう、あの早いころのベートーヴェンの若々しく、元気がよくて、気負ってはいるけれど、しかし自分の力（天才の能力）というものを自負した、ほこりの高い、いくら暗いような表情があっても結局は楽天的な気分に支えられた音楽とはとてもいえないものになっている点である。

言葉を換えれば、つまりムターの掘り出した作品一二のベートーヴェンのヴァイオリン・ソナタは、三〇歳になる前、早くも、間もなく来るだろう暗い力との悲劇的で運命的な対決に直面せずにいられない人間の予感が耳に入ってくる音楽になっているということである。

この三曲の演奏には、もう「暗さの大きな影」が感じられる。その意味で、これはハイドン、モーツァルトの影響のみられる「初期のベートーヴェン」の作品ではないのである。もちろんヴァイオリン・ソナタの第一番から第三番の三曲がみんな同じようにひかれているわけではない。しかし、暗い力と明るい生命に溢れた前進的なエネルギーとの対立は、この三曲ですでにはっきりととらえられている。

このことはつぎの二曲、作品二三イ短調のソナタと作品二四へ長調ソナタとの組合せでは、もっとはっきり出てくる。ムターの演奏できくと、作品二三の暗さ、不吉な感じはつぎのソナタと正反対といってもいいし、逆に作品二四の《春》のソナタの明るさ、華やかさは、かなりひよわな、今にも崩れそうな感じにつきまとわれたものになっている。さっき書いたテンポやリズム、フレージング等々の上で、私たちのききなれたものとの違いは、この二曲ではずいぶん大きくなっていて、イ短調のソナタなど、ピアノ・ソナタ作品二二とか二六とかに比べて、近い時期のものとはとても考えられないくらい、不思議な陰影にみちた音楽になっている。その濃い影の終ったところから、作品二四が顔を出すのだが、この曲のひよわさと美しさの乱れ混りあう味には、前述のように、今にも消えてしまうのではないかという気がするような危っかしさがある。その一方で、このあたりの曲になると、ムターのひくヴァイオリンの音に、かつてカラヤンの下で協奏曲をひいていたころから涵養されたヴィブラートの磨きのたっぷりかかった極彩色の艶々した音がたっぷりきかれる個所がいろいろな音型を通して聞えてくるようになる。

ベートーヴェンが、《皇帝》協奏曲とか、ラズモフスキー第一番の緩徐楽章の主題とか、いわゆる中期の最盛期の作品の中できかせたあの「音」の前ぶれといっていいのだろうか？

とにかく、ムターは、この第四、第五ヴァイオリン・ソナタをはっきり一対としてとらえ、意識的に対照をなすようひきわけている。それは、ベートーヴェンのある時期の――といっても長い期間にわたる――創造上の特徴でもある。第五と第六交響曲がその最もわかりやすい例だろうが、それがヴァイオリン・ソナタというジャンルでも、みられるというわけだ。

つぎの作品三〇の一、二、三番の三曲のソナタは、いちばん初めの作品一二の三曲のソナタと同じようなセットとみていいのだろうが、今みた二曲でのコントラストは、作品四七の《クロイツェル・ソナタ》とつぎの第一〇番のソナタ作品九六についても、あてはまるといってもよかろう。

まず作品四七でいえば、ムターの演奏は、これまでこの曲について私たちが抱いてきた印象を一挙につき崩してしまうほどの衝撃的違いをもって示されている。私たちが普通ききなれて来た劇的な悲愴感は、なくはないにしても、ずいぶん違うものとしてきこえてくる。すでにアダージョ・ソステヌートの序奏でのヴァイオリンのイ長調の入りに、同じ旋律を今度はイ短調でピアノが答えるという形ではじめられ、何回かくりかえされる両者の問答からして、ずいぶん違う。簡単にいうと、「勧進帳」の弁慶の舞いのあの両脚の踏んばりみたいな力み方が、あんまりないのである。同じ音型が日蔭の中での出来事みたいにして、姿を現わしては消えてゆく。以下、この曲でさんざんきかされて来たスビト・ピアノやその逆の、逆説的ダイナミズム（?）の結果なども、あんまり出ない。同じことは第二楽章のアンダンテの主題と変奏にもあてはまる。変奏がヘ短調のそれを過ぎて、長調に戻っての第四番変奏に入ってからも、そうだ。聴衆に何かを期待させておいて、ひょいとそれをはずしてしまうのである。その意味で、この曲は、いわゆる中期のベートーヴェンの代表的作品の一つでありながら、むしろ、「後期のベートーヴェン」を、予感させるものがあるのである。これは、ムターの演奏できくと、という条件の下での話である。

私のきき方が間違っているのかどうか、わからない。しかし、そういうことを思いつつ、次の第一〇番、最後のヴァイオリン・ソナタ、ト長調になると、これまた、私は、かつてこの曲を「こんな音楽」としてきいた覚えはないといわないわけにいかなくなる。ここではもう、レッキとした後期のベートーヴェンの徴候がいたるところにきこえてくる。短い、ごく散文的なモチーフのようでいて、一種の詩味と軽妙なユーモアさえも感じさす主題から出発して、たくさんの分散和音のくりかえしをもって前進してゆく第一楽章。単純な民謡みたいな主題が細かな装飾音の連なりで飾られるうちに、いつの間にか、心のおののきが聞えてくる音詩に変っていた第二楽章。つぎのスケルツォ。この三つの楽章のどれも、単純さと微妙さが一つにとけあった霊妙な音の世界をつくっているのだが、そのあと最後にくるポコ・アレグレットは、もうピアノ・ソナタを通りこして、晩年の弦楽四重奏曲——たとえば作品一三〇の大フーガのかわりに書かれたフィナーレを思い出させるような音楽である。そうして、これが一段落したかと思った矢先、アダージョ・エスプレッシヴォの間奏が突如として飛びこんでくる。即興のようなレチタティーヴォ。これは一体何だろう？　じょうだんのような、謎のような。

このあと、またト長調に戻ってからのコーダは、晩年の作風以外の何ものでもない。ムターは、ベートーヴェンが、ヴァイオリン・ソナタの世界でも、第一番から始めて第一〇番でついにこういうところまで到達したのを、実にはっきり示す。この一筋の流れが貫いた分野であればこそ、彼女は一〇曲を一つのセットとして同時に発表したかったのであり、そうでなければならないのだ。

ベートーヴェンの九曲の交響曲を通して、彼女がここでやったような一筋の流れをはっきりとり出してみせたのは、誰だったろうか？　ムターの演奏の一つ一つは、こういう全体の構想の下でのものなので、単にこれまできなれたのに比べて変っているというだけでなく、局部的にみると、強引な解釈としか思われないところも耳につく。これは、多くの人に気に入られそうもない演奏といったら間違いだろうか。しかし、音楽家だったら、きっと、ここから自分の新しいひき方をやってゆく上での参考になるものの数々を、きき出すだろう。それに、これはグレン・グールドの場合のように、演奏するものの個性の独自性に根ざした演奏というのではなくて、自分のとり上げた音楽について考えた上での演奏をしないではいられない人のとった道という意味で、気紛れとは程遠いものである。また、こういうふうに考えて演奏するのはドイツ系の演奏家によくみられる一つの大きな特徴であり、その点でムターはまぎれもなくドイツの伝統につながる人だといえよう。フランス系の音楽家なら、こうも考えたりはしないだろう。

　それにしても、ちょっとふれたように、解釈の点で、かつてのカラヤンの下でのそれから遠く離れたものでありながら、しかし、幼い時から身につけた「美しい音」、磨きぬかれたたっぷりした音そのものは、随所に真珠の首飾りのように連なってきこえたり、一つ一つすばらしい輝きをもって光っていたりしている。一度身につけたそういう点は変らないものらしい。

クレーメル&アルゲリッチ/ヴァイオリン・ソナタ第1~3番

CD/グラモフォン POCG-1202

前回のミンツについで、今回はギドン・クレーメルをとりあげるつもりでいた。今世紀後半のヴァイオリニストを論じる場合、クレーメルをぬきにするわけにはいかないのは、いまさらいうまでもないくらいだし、彼のレコード制作活動は最近でも衰えることなく続けられていて、何年か前のバッハの無伴奏ソナタとパルティータ全曲、ベートーヴェンやブラームスのヴァイオリン協奏曲を始めとする一連のレコードは、どれひとつとってみても、平凡なものはないといってよかろう。

最近数か月でいっても、チャイコフスキーの協奏曲のレコード(グラモフォン POCG-1255)、それからバッハのそれ(ニ短調の二重協奏曲とイ短調、ホ長調の協奏曲の全三曲)、最後にベルクの協奏曲、どれもみんな素晴らしい出来だった。チャイコフスキーの協奏曲など、正直いって、この曲をはじめから終りまで、一貫した注意をもってきき通したのは、私にとって久しぶりの経験だった。とかく、しめっぽくてセンチメンタルな演奏に陥るか、あるいは風通しがよすぎて、さっぱり胸に響いて来ないような演奏か、二つに一つになりがちなこの曲が、そのどちらにも落ちこまず、情と知を兼ねそなえた、しっかりした歩みでひかれ、しかも、きくものを酔わす訴えかけにも欠けていないのだから。

そんなわけで、問題はクレーメルをとりあげるかどうかではなくて、これらどれをとってもずばぬけて興味あるレコードのなかから、どれか一つにしぼるという難事にどう対処するかにあった。

ところが、新しく、アルゲリッチと組んでベートーヴェンのヴァイオリン・ソナタ第一～三番（作品一二の一、二、三）のレコードが出た。これがまた、すばらしいのである。これを選ぶとすれば、ヴァイオリニスト、クレーメルのレコードと一口にいってしまうのは不適当になるけれど、出来とすれば問題ない。いや、問題ないどころか、近ごろでの会心の出来事といってよい。

これにきめよう。

このところ、ベートーヴェンのヴァイオリン・ソナタにはどんなレコードがあったろうか。どうも、私の記憶に強く刻みつけられているものは、思い当らない。それというのも、ベートーヴェンの、あのとかく深刻で悲愴で、きく人の心にぐさりとつきささってくるような音楽は、目下、みんなの好みに合わないのかもしれない。人々は、今や、短小軽薄とまではいわないまでも、あのごつごつと手荒らなものでなくて、もっと優しい、柔らかで微妙な手ざわりの音楽を愛するようになっているのかもしれない。そうでなければ、透明で、楽天的であるか、とにかく重苦しい気持にさせないもの、無理強いしないものをききたがっているのかもしれない。

だから、ベートーヴェンのヴァイオリン・ソナタといっても、ダヴィド・オイストラフとオボーリンの組合せできかれた全曲盤などは、『クロイツァー・ソナタ』一曲をとってみても、昔のフーベルマンとフリードマンのコンビによる劇的な緊迫感あふれるものはいうまでもなく、ヨーゼフ・シゲティのそれのような厳しい論理に貫かれたのとちがって、どこか悠然として迫らぬ余裕があり、音楽による劇よりは感銘の深さと幅の広さとの両面からいって、たっぷりと音楽を味わいながら、偉大な作品に接する喜びを与える――とでもいった格調の高さをもった名演であった。

ところが、それほどの名演をきかせた二人の名人の演奏さえ、今度出たクレーメル＝アルゲリッチの組合せによる作品一二の三曲とつけあわせると、色褪せてきこえてしまう。

この新しい二人のベートーヴェンには、かつてない颯爽とした勢いと新鮮さと、その上に、恐るべき実力がそなわっている。この二人は、かつての実力者を一気におしのけてしまう若武者と呼ぶのが滑稽なくらいの「力」をもちあわせている。

ピアノの方がヴァイオリンをとかく圧倒しがちなベートーヴェンの作曲とはいえ、彼のヴァイオリン・ソナタが実際に演奏会の曲目にとり上げられる時は、ピアニストのそれではなくて、ヴァイオリニストのリサイタルでひかれるわけだ。ということは、これはヴァイオリニストのレパートリーに組入れられているのだし、どちらかといえば、ヴァイオリニストにより脚光が与えられる形で、演奏されがちである。さっきのオイストラフ＝オボーリンの演奏にしても、オボーリンのピアノは音もきれいだし、申し分ないピアノ・パートになっているが、指導権をとっているのは、結局はオイストラフである。

ところが、このアルゲリッチ＝クレーメルのコンビの場合は、両者が共に卓抜な実力者であり、完全に拮抗がとれている。

それにもかかわらず、出来上った音楽としては、どちらかというと、ピアノが前に出てくる場合が少くない。それは、ひとつには、前述のようにベートーヴェンの書き方が、ピアノという楽器のもつ力強い音量、音力、音質を、あんまりセーヴしないで発揮できるよう書いていることと、もう一つは、アルゲリッチという音楽家の、あの誰でも知っている、火の出るように烈（はげ）しいテンペラメントと、それからこれはいつも必ずしも充分に評価されているとは限らないけれど、ピアノから音を出すに当っての、ちょっとほかに類の少いほどの豊かなファンタジーから生れてくる「音の性格」の独特さのせいだろう。

このアルゲリッチのピアニストとしての特性が、時には——たとえば協奏曲をひく時など——本人はオーケストラと協演していることを自覚しているのかしらと疑いたくなるほど、オケを無視して勝手に、自由、奔放にひいているかのような印象を与えることになりかねない。そういう面だけをみていると、彼女ほど合奏に適していない人は類が少いといってもいいことになる。

だが、そういう彼女が、レコードのカタログをみてもわかるように、実際は、さかんにピアノ連弾をやったり、これぞと思うチェリストやヴァイオリニストと組んで室内楽をやっているのである。

自分勝手にやりたいのだったら、ピアノほど便利な楽器はない。事実、ピアニストの中には、ほかの音楽家といっしょに合奏するには不向きな人が少くない。アルゲリッチも、そういうピアニストの筆頭に上げてもおかしくないような人にみえながら、実は、そうであるのを欲していないか、あるいは少くとも、そうでなく演奏するのを強く望む時があるのだろう。

このベートーヴェンのヴァイオリン・ソナタの演奏は、それを力強く物語っている。作品一二の三曲の合わせて九つの楽章の全部がピアノで開始される。その大部分はピアノ・ソロで始まるのだし、ヴァイオリンが始めから参加している時でも、一二の一の第一楽章みたいにピアノとユニゾンであるか、あるいは一二の二のように完全に伴奏形で書かれた音型でリズムを刻むか、一二の三のように、合いの手のリズムを入れるか、といった形で参加するにすぎない。

だから、――かつてのティボー＝コルトーのコンビにみられたように、二人とも名人揃いとはいえ、結局コルトーのピアノが支配権を握って開始されても不思議ではない。このアルゲリッチ＝クレーメルでも、そういう感じは拭(ぬぐ)えない。

たとえば作品一二の一のニ長調ソナタの第一楽章はアレグロ・コン・ブリオであるが、演奏は、ものすごい速さ（反復を入れても八分少し）と力とで開始される。プレストといってもいいくらいの速さ。モーツァルトだったら、アレグロ・ディ・モルトとよんだろう。

だが、彼の道の前に立ちふさがるものをみんな跳ねとばしかねないような、青年ベートーヴェンの意気込みが手にとるように伝ってくるといって誇張でない、そのすさまじさにもかかわらず、四小節の*f*のユニゾンが終った途端、第五小節の頭の*p*以下ピアノの音階を上下する対位線にのって、ヴァイオリンがくり出す主題は、最初の四小節とはがらっと性格のちがうものになる。

この変り身の鮮やかさ。それから、そこに含まれる音楽的「実質」の豊かさ、表現の微妙な進展のおもしろさ。*f*、*p*、クレッシェンド、*p*、*sf*、*sf*、クレッシェンド、*sf*、*f*、*fp*、*p*とどんどん変ってゆきながら、音楽は、若いベートーヴェンにしかない、あの歯切れの良いダイナミズムで躍動する。

　以上私は、曲が始って、二一小節ほどまでの間に見出されるダイナミック記号を拾ってみたのだが、これだけの変化を音として実現してゆくピアニストとヴァイオリニストの見事な綱さばきは、驚嘆に値する。いや、きき手の心は、若々しくて、しかも無双の実力を具(そな)えたこの二人のくり出す音の手綱に制御される馬になったかのように、快く躍動し、躍進する。それも、ただ勢いが良い、音がシャープだというだけでなく、その中で言葉につくせないような微妙な変化が絶えず起ってくる。その変化を乗せたまま、この演奏は迅速に疾駆する。

　速度の歯切れのよさ、変り身の鮮かさ。それから鋭い切り刻みをもつ彫りの深さ！全体にみなぎる躍動感がきき手に与える快感。ここには、これまでのどんな演奏にもなかった華麗なほとばしりがあり、これにくらべれば、ほかの演奏は、少くとも、一度はみんな忘れられてしまうといいたくなるほどだ。

　強い印象を与えるだけでなく、深い感銘を残す。そういう演奏になっているのは、曲が若々しいベートーヴェン、まだ三十歳にもなってない、ウィーンに出て来て間もない覇気満々たるベートーヴェンの作品であるからであり、アルゲリッチの相手が、ほかの誰でもなくギドン・クレーメルという、これまたほかに比較する人のいない独自の天分に恵まれた音楽家だからである。

アルゲリッチを火のような音楽家と呼ぶとしたら、クレーメルは、むしろ、水のような人といってもいいかもしれない。前者をまれにみるテンペラメントの豊かさに恵まれた人と呼ぶとしたら、後者はヴァイオリニストとして比類のないような知性にめぐまれた人と呼んでもいいだろう。しかし、この人は、知能の高い才人であるだけでなく、感じることの深さの点でも特筆に値する。たとえば、作品一二の三曲の緩徐楽章には、めったにきかれないような深さへの拡がりがあるが、ここではクレーメルの存在が大きくものをいっている。

いや緩徐楽章だけではない。一二の二のイ長調の第一楽章はアレグロ・ヴィヴァーチェだから、当然、二人は速くひく（同じ反復をもつオイストラフ盤が六分五十二秒かかるのに、この二人は五分四十二秒）。それでいて、こちらには不思議なペーソスが滲み出ている。

そうして、作品一二の三、変ホ長調の曲に至っては、もう、ソナタというよりも、ピアノとヴァイオリンのための二重協奏曲と呼ばれる方が正しい大きな拡がりの中で、虹のような多彩さをもって、音楽の天空を駆けてゆく。この曲が、ベートーヴェン特有の調性の美学の体系の中で、特に変ホ長調――あの『エロイカ交響曲』と『皇帝協奏曲』の調性！――として位置づけられたのはなぜかということを、この演奏くらい、豊麗さと英雄的高邁さとでもって、きき手に納得させるのはないのではなかろうか。

このことは第一楽章に当てはまるだけではない。第二楽章、アダージョ・コン・モルテスプレッショーネでは、装飾音でさえ、深く感じられてひかれている点にも、はっきり出ている。その深さは第三ピアノ協奏曲でのそれを思い出さす。

アルゲリッチとクレーメルという、二つのかなり違った個性が、めいめい、ほとんど全力を出しつくして、合奏し、競奏したことがこういう結果をもたらしたことは疑いない。ことに、アルゲリッチは、こんなふうに、お互いが、遠慮しあうことなく、全力を上げてひくことを前提として、ヴァイオリニストに、チェリストに、そうしてほかのピアニストに、挑戦し、室内楽をやろうとしてきたのだろう。そういう彼女は、ここで、手剛くて、優秀な相手にぶつかったのだ。それに、これがベートーヴェンの音楽であるというところにも、この二人の演奏に打ってつけの場所を提供することになった。

アルゲリッチ&レーピン／『クロイツェル・ソナタ』

　マルタ・アルゲリッチの演奏を、ずいぶん長いこときかない。最後にきいたのは何年の何月だったろうか。その時も、彼女のソロでなくて、ラビノヴィッチといったか男のピアニストとのピアノ二台の合奏のリサイタルだった。

　ラヴェルの《ラ・ヴァルス》だったかな。きらびやかな音が跳ね回るような部分もあれば、きれいだが、沈んだ、何かの影のような部分もあれば、そのほか、いろんな音が二人の間で響きあったり、対立しあったり、いま、こうして思い出しながら書いていても楽しくなるような音楽会ではあった。

　けれども、正直いうと、私はアルゲリッチひとりのピアノを楽しんでいられた以前の方がもっと楽しく、目の前の二人の演奏を聞きながらも、昔が恋しいような、そんな気持の音楽会であった。

それから何年たったのだろうか。だんだん遠い日の思い出になってしまいつつあって、アルゲリッチのあの美しい、きいていて心の弾むのをおさえきれなくなるような瞬間を幾つももったピアノをきくのは、もう二度とあり得ない昔の夢のような出来事になりつつある。

以前も書いたことがあるけれど、彼女がショパン・コンクールで優勝して、まだ何年もたっていない時、私はたまたまベルリンにいて、ベルリン・デビューの演奏会をきいた。あの時も、多分、彼女はラヴェルやショパンをひいたのだろうが、私はベートーヴェンの作品二の三のハ長調ソナタが忘れられない。ベートーヴェンとしては、破格な、すごい駆け足の演奏だったけれど、きいていて、本当に気持ちのよい演奏だった。

あんなベートーヴェン、その後二度と聴いたことがない。このソナタはミケランジェリも、時々、思い出したようにひいていたけれど、そうして、彼のこのベートーヴェンもおもしろかったけれど、――たとえば、あの重音の主題（第一楽章第一主題）の独特の響き、六の和音の連続で駆け上ってゆくパッセージの、まるで駿馬の疾駆とでもいいたくなるような、見事な駆け足！――アルゲリッチのあの曲の演奏には、こういった箇所の美しさに加えて、もっときくものの心をつかまえてはなさない躍動感があり、爽やかな光の放射があった。

その後、彼女がこのソナタをひいたという話はあんまりきかないけれど、なぜだろう？　彼女のひくシューマンのピアノ・ソナタ第二番ト短調の中にも（殊に終楽章）、あのベートーヴェンの目にもとまらぬ速さを思い出させるものはあるけれど、シューマンのもきれいだけれど、ベートーヴェンに比べて、当然のことながら音が軽い。軽量級の跳んだり跳ねたりのスピード感だ。それに対し、ベートーヴェンのはたっぷりと重量感のある見事な躰骼をした駿馬がすごいスピードで駆けてゆくのを見るような、ベートーヴェンの精気が乗り移ったような圧倒的感銘を残す……。

いや、これは前にも書いたことだし、昔の話だ。いつまでも、くりかえしていたって仕方がない。私がこんな話を蒸し返したのは、最近アルゲリッチがワディム・レーピンのヴァイオリンに合わせて、ベートーヴェンの《クロイツェル・ソナタ》をひいたCDをきいたからである。

おもしろかった——昔をいろいろ思い出して。

久しぶり、アルゲリッチ流の一つ一つの音の粒がよくそろっている上に、胸のすくような美しい音でもって高らかに鳴り響く音階だとかアルペッジョだとか、このソナタに幾箇所も出て来る力強いアクセントで歌われる旋律だとか、そういった一切が、元気よく沸騰するような逞しいダイナミズムでもって躍動するのを聴く楽しみ！

「やっぱりアルゲリッチはよいなあ。彼女のような人と同じ時代に生きる幸福を持てたからには、無精をしないで、もっと彼女の演奏会に足を運ばなければならなかったのに」と、このCDをききながら、私は自分に言いきかせた、何度も。

何かのCDのライナー・ノーツでアルゲリッチは「もうソロの曲は全部ひいた」といって、このごろは合奏に加わることに重点をおいているのだといったことが書いてあったけれど、そんなことをいわないで、ソロをひいてほしい。たとえば、あの若い日にひいたベートーヴェンじゃなければ、《ワルトシュタイン・ソナタ》をひいたらどうだろう？　ギレリスの名演もあったけれど、アルゲリッチが粒の揃った音階、両手のオクターヴをレガート、ピアノでひくところなんか、一度見てみたい。三二番のソナタだって悪くない……。

そんなことを空想しながら、私はこのCDの《クロイツェル・ソナタ》をきいた。おかしなことに、この演奏は、また、私に昔——私が高校生から大学に入って間もない頃だから、いまから七十年以上前の話になるが——SPレコードでよくきいたフーベルマンのヴァイオリンとフリードマンのピアノによる同じソナタの演奏を思い出させる。あのころの日本の批評では、ヴァイオリン・ソナタというと、クライスラーとかティボーとかの演奏がよいことになっていたような気がする。記憶の間違いかもしれないが、その反面、フーベルマンたちは、ジプシー的情緒偏重のひき方だといって、一段下に見られていたのではなかったろうか。

しかし、私は、フーベルマン+フリードマンの《クロイツェル・ソナタ》の精気みなぎるスタイルと、歌うところは思い切って高らかに歌うひき方が気に入っていた。クライスラーたちのは少し気取った柔らかな――つまりはあんまりベートーヴェンらしくないベートーヴェンだったのではなかろうか。

私はレーピンについて書かないで来たが、この人のベートーヴェンもよい。《クロイツェル・ソナタ》も実にきちんと、しかしちゃんとしたダイナミズムをもってひいていて、非難すべきものはないが、同じCDのアルバムにあるベートーヴェンの《ヴァイオリン協奏曲》の演奏の方は、単に「申し分のない」という域を超えた端正で「敬虔な気持ち」にみちているものになっている。

私は戦後早い頃のメニューインがフルトヴェングラーの指揮に合わせてひいたベートーヴェンを思い出さずにいられなかった。

こちらのCDではムーティがウィーン・フィルを指揮して合奏しているのだが、ムーティもまた――糞真面目といってもいいくらい。この二人のベートーヴェンには、昔の人たちがベートーヴェンのヴァイオリン協奏曲となると、特別扱い、襟を正さんばかり、ほとんど神聖視して、これに向っていたことを思い出させるような趣がある。

このところ、ベートーヴェンをひく時でさえ、昔と違って、いろいろと演奏家の独自の解釈の加わった演奏の仕方が目立ってきている時代に、この二人のやるヴァイオリン協奏曲は、逆の意味で、目立つ。

私としては、これを「反動的」とか「時代に逆行する保守的回顧趣味」とかと呼びたいとは思わない。現代のような時代に――例のデル・マーの校訂を経たベートーヴェンの「原典版」の発行以来の、さまざまのベートーヴェン像を差し出されている私たちとしては、その中で、このレーピン＝ムーティのヴァイオリン協奏曲のようなものに接して、これをただ古いとみるか、どうかは、時代の流れとの関連から判断するだけが能ではない。当面する演奏そのものの持つ品質、その説得力がどんなものであるか、その力を私たちがどう受けとめ、そこから「どういう音楽」を汲み出してくるかの方が大切な問題なのである。

私はアルゲリッチ＝レーピンの《クロイツェル・ソナタ》をきいて、とても楽しんだ。そうして昔きいたフーベルマン＝フリードマンの演奏を懐しさと同時に強い親近感でもって思い出した。当時、私はこの演奏をきいて、本当に感激したものだ。

今日、アルゲリッチ＝レーピンの演奏は、それをこんなに強く思い出させるのに、そこにはちっとも「古い」という感じがない。今掘り出してきて、新しい日の光に当ててみている壺か何かみたいな新鮮さで輝いている。きいていて、実に不思議な気がする。新しいとは何か？

ついでに書くと、私はまたラファウ・ブレハッチという若いピアニストのひくショパンの《二十四の前奏曲集》ほかのCDをきいた。二〇〇五年のショパン・コンクールの優勝者で、同時にマズルカ賞、ポロネーズ賞、コンチェルト賞、ソナタ賞の副賞も全部総なめにして獲得したという人材だそうである。

そのブレハッチの《前奏曲集》をきいて、私は昔のアルゲリッチの入れた同じ曲集のCDのことを思い出した。私の記憶の中できこえて来た音楽は今目の前で鳴っている新しい青年のものよりおもしろかった。速いにせよ遅いにせよ、メカニックなものにせよ、歌う小品にせよ、もっと尖鋭で、きらきら光るような才能に満ちていた。しかし、作品二八の《前奏曲集》のあとで、遺作の《前奏曲変イ長調》から《二つの夜想曲作品六二》といった、このCDについているほかの小品たちをずっときいているうちに、それがかつてきいた昔のショパンひきたちの演奏に近いものであり、それを思い出す風情があちこちにあるのに気がつくようになった。

最近のショパン——たとえば、ピリスとかツィメルマンとかのひくショパンとは違う。もちろん、ポゴレリチやプレトニョフのショパンとも違う。違うだけでなくて、ブレハッチのは、何かかつてのショパンに戻ってゆくような、昔を思い出させるようなものがあるのである。

私は、ショパンの演奏にいつもそんなに気をつけてきいている方ではないから間違っているかもしれない。だが、ここには、また、単にショパンについてだけでなく、音楽のつかみ方の根本において、最近流行（?）の新しい傾向とは違うものを感じる。もしかしたら、これは彼が二〇〇五年のコンクールですべての賞を一手にとってしまうという珍しい誉められ方をした原因と、どこかで、つながっているのかもしれない。古いものへの回帰というより、むしろ、かつてのものへの郷愁をそそる方向の示唆というべきなのかもしれない。

隙間　ベートーヴェンのヴァイオリン協奏曲

演奏を論ずるのに、スタイルの違いをまったく無視してしまって、ただもう、おもしろい、迫力があるといったふうにだけいってしまうのは、考えものである。

たとえば、私がいつかここでとり上げたフルトヴェングラーのブラームスの交響曲の指揮。あそこでは、同じ楽章のなかはいうまでもなく、同じ楽想の持続している途中でも、テンポがどんどん加速されてゆくといった現象が、再三、みられた。そういうことは、フルトヴェングラーの指揮の魅力の一つになっているのであるが、それは全体として、情緒を重んじた、主観性の強い、彼の行き方のなかにあっては、単に効果的であるだけではなく、全体との釣合いのとれた「正しい」やり方なのである。

ということは、逆に、客観性を尊び、もっと知的な行き方をとる場合には、必ずしも「正しい」ことにならない。むしろテンポの乱れ、さきのめりになって走り出す欠点ということになるのが普通だろう。

私は、この間、ベートーヴェンの『ヴァイオリン協奏曲』のレコードを何枚かきく機会があった。そのなかでは、かつては名演という評判の高かったメニューインが独奏をうけもったレコードもあった。指揮はフルトヴェングラー、フィルハーモニア管弦楽団の演奏である（エンジェル＝ⓂWF 60015）。

これできくと、メニューインのソロは、ずいぶん、テンポが走る。同じ音型を重ねながら前進するときでも、どんどん速くなってしまう個所がある。それはフルトヴェングラーの場合に起こるのとは、また、少しちがう意味をもっていて、特にどこからどこに向けて前進するとき、迫力を加えるというのでなくて、いわば同じ一つの文脈の途中で生起するような具合である。だから、これはそれだけをとり出してみると、音楽を不安定にする原因になりかねない。事実、メニューインの演奏には、そういう例もある。けれども、また、彼のひき方では、フレーズの途中で速くなって駆け出すといっても、それは、その速いフレーズのつぎに遅い旋律がくるとき、当然、テンポをゆるめなければならず、そうなる前に、一度速くしておいて、それからつぎの遅い歌の部分に入る少し前から、遅くして、つぎにすべり込むといった具合になることが多いのである。この協奏曲の場合も、そうだ。だから、これはフルトヴェングラーとはちがうが、やはり機能的、構造上の理由からそうやる必然性があるともいえるのである。

そんなふうにひいているメニューインはまた一方で、この協奏曲の、たとえば第一楽章の第二主題に典型的に出ている抒情的な表現の演奏には、まことに見事な演奏をきかす。あるいは、第一楽章のカデンツァが終わったあとから終止までの楽段、これは、どんな人だって、例外なく、ドルチェで静かに終えるのが普通だけれど——メニューインは、そのなかにあっても、際立って静かに、いや塵一つない浄らかさとでもいった浄福感のなかで、楽章を終える。実に見事なものである。

同じ、抒情的なものは、第二楽章でも優位を占めるわけだが、ここでの演奏は、そのうえにさらに、省察的というか静観的というか、"contemplative"な瞑想に近い。そういうものの表現は、メニューインの得意中の得意といってもいいものだから、ここでも、その彼の特徴は遺憾なく発揮されている。絶妙の美しさがある。

しかも、彼の場合、それは個々の細部の慎重な扱いと矛盾しない。この第二楽章では、ヴァイオリン・ソロは、こんなふうに入ってくるのだが、このスラーのかかったレガートの部分と、スタッカートの部分とのひきわけを、メニューインは、きちんと律義に守り、しかも音楽としての一貫性というか、この二つが対照をつくりながらも一つにまとまっている楽想であることを、正確に表わしている（譜例1）。

この楽章は、フルトヴェングラーの好みもあるのだろう、かなりゆっくりとひかれ

譜例 1

るのだが、『第五ピアノ協奏曲』の中間楽章に似て、長大な第一、第三楽章のあいだにはさまり、やや間奏曲風な趣は残しながらも、『ヴァルトシュタイン・ソナタ』のように完全にそういうものになりきっているわけではなく、むしろ、短いながらに、まとまった形としての美しさ、重さをもっている。このフルトヴェングラー／メニューインの一対の演奏は、そのことをあますところなく、音のなかに表現しつくしている。

　そういう中間楽章をもったあとだけに、第三楽章は、単にアレグロと指定されたものとしては、ちょっとびっくりするくらいの速さでひかれる。もっとも、これはアレグロといっても、八分の六拍子であり、四分の四拍子や何かとはちがう。ベートーヴェンとしても、第一楽章で思いきり長いものをやっているので、ここは、均衡上、短くはないけれど、テンポとしても曲想としても、長ったらしいものにはしたくなかったにちがいない。その点で、これは、第二楽章の場合と同じく、『第五ピアノ協奏曲』のフィナーレに似た曲趣となるべき必然性があったのだろう。そうして、また、『第五協奏曲』の場合と同じく、この『ヴァイオリン協奏曲』でも、ベートーヴェンは、モーツァルトのピアノ協奏曲のあの八分の六の「狩猟」のリズムをもった素晴らしいロンド・フィナーレの例を思い浮かべながら、構想したにちがいないのである。

以上のように、フルトヴェングラーとメニューインの組んだベートーヴェンの『ヴァイオリン協奏曲』のレコードが名盤といわれてきたことについては——日本では知らないが、少なくとも、ヨーロッパでは——以上のような、音楽の性格によく合致するよう、充分に配慮された演奏であるという点が、評価の基底にあるのである。

そういう点で、新しい時代の若い人たちの演奏は、かなりちがったものになってきている。フルトヴェングラー／メニューイン盤は今世紀四〇年代の末のものだろう。それから四十年たった現在のもの、たとえば、キョンファ・チョンの同じ協奏曲をひいたレコードをきくと、違いのはなはだしいのに、いまさらのように、驚くのである(管弦楽団はヴィーン・フィルハーモニー、キリル・コンドラシンが指揮している。ロンドン＝L25 C3029)。

彼女のヴァイオリンが激しく力強い表現力をもったものであることは、誰も知っている。このことは、このベートーヴェンの名作の演奏にも、遺憾なく発揮されていて、全曲、初めから終わりまで、息の抜くところがない充実ぶりである。

そのなかでも、彼女の演奏の特徴が、特別よく出ているのは第二、第三楽章で、ここはもう、どの音一つとっても、彼女は全生命を打ち込んでいるという感じ。それが極まるところ、終楽章を思いきった遅さにする。さきに述べたフルトヴェングラー／メニューイン盤では、第二、第三楽章合わせての長さが十九分五十六秒とジャケットに書いてあるが、チョン／コンドラシン盤では、それが実に二十五分二十三秒を要することになっている。ついでに書いておけば、このレコードのジャケットには第一楽章は十九分四十五秒と書いてあるが、第一楽章をそんな急行列車みたいな速さでひき終えたあと、第二、第三楽章を、いまいった超絶的な遅さでひくというのは、いくら何でもアンバランスであって、考えられない。そう思って、かけ直しながら計ってみたところ、これは二十五分十五秒か十七秒ぐらいになる。つまり、チョンの演奏では、第一楽章と、残りの二楽章との所要時間が、ほぼ匹敵する。あるいは曲は二つの同じくらいの長さの二つの部分からなるということになる（ちなみにフルトヴェングラー／メニューイン盤は、第一楽章二十三分四十九秒になっている）。

　こんなわけで、チョンの盤では、全体に遅めのたっぷりしたテンポでひかれているのだが、それは特に、終わりの二つの楽章においてはなはだしい。そうして、これが、私には、特に終楽章をやや重苦しいものにしているように感じられる主な原因になる。力演、熱演であるが、私がこの曲に期待する、ゆったりした、幅の広い開始のあと、夢想的ないし瞑想的静観的な中間楽章を通過して、少々のペーソスを交えながらも、爽快清新な結末をもつという印象とは、かなりちがうものになっているのである。

私は、自分のこの曲に期待し慣れたものが、きかれないという、ただそのことだけで、彼女のすぐれた演奏を批評しようとは考えていないけれど、何か違和感が残ることをどうしようもないのである。ことに、終楽章で、遅めでありながら、しかもあのト短調の中間部で、彼女が、単に遅いだけでなく、どちらかというと意外なくらい、軽いアクセントしかおかずにひいているのをきいていると、少々、肩すかしをくったような気になるのである。そうして、これが速めのテンポだと、あまり目立たないのだろうに、と思うのである。

遅めのテンポは、いつごろからだろうか、何も晩年のベーム、それからここ十年ほど前からのカラヤンに限らず、ジュリーニとかクーベリックとか、中欧の指揮者たちにみられる一つの特徴のように思われるのだが、そのなかでのカラヤンが、アンネ＝ゾフィー・ムターをソリストに選んで入れたベートーヴェンの『ヴァイオリン協奏曲』は、一九八一年の秋、彼らが来日公演したときのプログラムにものっていた。私はきかなかったが、演奏はどうだったのだろうか？

評判は、明らかに二つに割れていた。一方は彼女のヴァイオリンの音の澄んだ、まるで無心の仔鹿の目を見るような美しさを称える声と、それから、なるほど音はきれいだが、音楽が平板すぎ、自分のものがさっぱり感じられないという不平組とに。

この組合わせの演奏によるレコードは、一九八〇年の秋に出ていた（グラモフォン＝MG 1268）。それをきいた印象は、今いった両方が、大体そのまま、あてはまるようなものになっている。つまり、音は本当にきれいだ。しかし、表現としてはもの足りない。その点だけとりだせば、これはチョンと逆だ。

だが、こちらはさすがにカラヤンの伴奏をつけているだけに、作品全体としての三楽章間の比重にアンバランスが生じるようなことはない。そうして、第一楽章は、かつてのフルトヴェングラー／メニューイン盤に比べたときはもちろん、チョン／コンドラシン盤よりさえ、遅めになっていて、二十六分三十八秒を要するようになっているのに対し、第二、第三楽章の合計は二十一分四十二秒である。フルトヴェングラー当時より全体として遅くなっているのを考え合わせると、両者の比率は、このくらいがよいのではあるまいか。

また、この盤でも、はじめにいった第二楽章のソロの開始でのレガートとスタッカートの交代は律義にきっちり守られている。これは、ドイツにおいて特にやかましく注意され、遵守されてきた伝統なのだろうか（この曲についての伝統をいうのに、こんな些細なところで云々するのはちょっと滑稽だけれど）。

私が、こんなことをいうのは、これも最近出たパールマンのソロのこの曲のレコードできくと、パールマンは、そんなことをあまり気にしないようなひき方で、あっさり、さきにゆくからである。彼のは、この両者の対照よりも、最後にくる高音の四分音符Dをテヌートして、じっくりきかすそのときのヴァイオリンの音の冴えきった響き、まるで白銀の光のようなすずしくも艶やかな音の美しさである。これは、もう、それだけで、きくものの心をとらえ、金縛りにしてしまうような魅惑にみちている。パールマンのヴァイオリンの音は、土台、私にはいつも、これ以上の美しく澄みきった音はあるまいと思われるのだが、その魅力を、彼は、この第二楽章では、やたらとふりまく。フレーズの隅々、二分音符、四分音符、それが可能な個所では、必ずといってよいほど、きこえてくる。

いや、第二楽章だけではない。第一楽章でも第三楽章でも、およそ、かつてベートーヴェンの協奏曲をひいて、こんなに銀鈴の如き澄みきった音をふんだんにふりまいた人物がいたろうとは考えられないくらいである。

このレコードが、それにもかかわらず、充分にきくに耐えるものになっているのは、彼が、ジュリーニのように、このところだんだんに重々しくかまえて、大家然としてきた指揮者と組みながらも（オーケストラはフィルハーモニア管弦楽団。エンジェル＝EAC90055）、そのテンポが最近の流行のように重くならず、かつてのフルトヴェングラー／メニューイン盤に近く、第一楽章が二十四分二十秒。第二、第三楽章が十九分三十秒と、すこぶる快適に前進してゆくのと、もう一つは、このパールマンの人柄を正直に反映して、いかにも晴れやかで明るく、自分にないものを無理をして出そうとしたり、自分を飾ろうとしたりしていないからである。

このヴァイオリニストは、よほど、本当に愛すべくも美しい人柄の持ち主なのであろう。

愛すべき人柄の、そのまま反映した正直な演奏といえば、先般はじめて来日、東京をはじめ各所で公演していったチェリストのヨーヨー・マの演奏も、そうだった。

私は前、この欄で、彼のレコードにふれ、評判どおり大器らしいが、レコードだけではよくわからないと書いた。その人の公演だというので、東京公演のある日をききに出かけたのだが、上手といえばもう、あっけにとられるような上手さである。身長も一八〇センチあるとかいう話だったが、その長身ぶりに加えて、手も大きい。大きな左手で弦をおさえるのを見ていると、ちょっと指をずらしただけで、もう、ほかのポジションにとどいてしまうという感じである。そのうえ、右手の用弓も自在。だから、どんなものをひいても、楽々とやってしまう。バッハの『無伴奏組曲第五番』も、ベートーヴェンの後期のハ長調ソナタも、ドビュッシーのソナタも、それからショパンのソナタも、何をやっても、平気で、軽々とひく。明らかにチェロをひくのが楽しくてたまらないという姿である。少し誇張していえば、曲は何でもいいのである。彼が、「音楽をやる」ようになるのはおそらく、まださきの話だろう。いまは、「チェロをひいている」のである。それも、くり返しいうように、ものすごく上手に。彼は、その日、最初にロカテッリのソナタをひいていた。それはバロック音楽などといったものではなく、やたらとカデンツァのついたエチュードの延長線上にある音楽だった。しかし、こういう演奏をつかまえて、バロックの形式感がないというのは、少々見当がちがうのである。かつて、チェロでもヴァイオリンでも、この種の曲がたくさんあった。それをティボーだとかフォイアーマン、あるいはピアティゴルスキーといった名人、ヴィルトゥオーソたちが、よく、プログラムのまっさきにすえたものだが、そのとき彼らがひいたのは、すべて、今日の私たちがバロック音楽の演奏として理解しているようなものとは、ちがったものである。それは、いまでも、ヘンデルのヴァイオリン・ソナタなどはバッハのチェンバロ音楽の演奏となって残っている。なるほどバッハやヘンデルは、バロックといっても、その後期に位するもので、十七世紀前半や中ごろのものとはちがうのは当然だが、それでも、かつての名人たちにとっては、レッキとしたバロック——当時の人は前古典という呼び方もしたのだが——として通用していたのである。そうして、ロカテッリ、コレッリ、ヴィヴァルディ、ボッケリーニ、タルティーニ、こういったものもみんな、一まとめにして、バロックだったのだ。

いずれにせよ、ヨーヨー・マの演奏は、いかにも大器らしい爽やかさと痛快さを感じさせるにふさわしかった。

と同時に、私は、こういう人たちは、いずれは「音楽」の一つひとつになじんでゆくのだろうと考える一方で、しかし、少なくとも目下のところでいえば、彼らとその扱う音楽とのあいだには、目に見えない、精神的な隔たりというか、隙間というか、壁というかがあるのが見えるような気がした。

かつては、私は、それを日本人の音楽家の演奏に感じたものだった。ソロでもアンサンブルでもオーケストラでも、彼らが、バッハをひき、ベートーヴェンの交響曲を演奏し、シューベルト、シューマンを歌うのをきいていると、作品と演奏家のあいだに、隙間があり、表現とならない部分が残ってしまっている。その結果、演奏が何ともいえず、冷たく、形式的で、内容的なもの、精神的なものにまで入っていかない。なるほど音はきれいに整い、技術も見事だけれど、結局、何がうれしくて、何が悲しくてやっているのかわからない。いや、どうしてもこれをやらなければならない、これをやりたいという、その必然性、その意義が、聴き手に伝わってこないという、もどかしさを感じ、このままで、いいのだろうかという危惧を抱いたものだった。

いま、私は、パールマンやヨーヨー・マをきいていると、ときどき、それに少し似たものを感じる。この人たち、本当にベートーヴェンをやる必然性があるのだろうか？　と。ただし、彼らの場合、ヴァイオリンをひき、チェロをひく、その必然性はよくわかる。それは、彼らがその楽器をもってステージに姿を現わした瞬間、その姿からすでに感じられるのである。ただ、そのあと、作品と彼らのあいだに、まだ、何かの隙間がある。それからまた、彼らの演奏をきいて、日本人の多くとちがうのは、作品とのギャップは似ていても、その演奏家の人柄そのものは、よく伝わってくる。ときには、あんまりナマの形で伝わってくるのに閉口するくらいである。これまた、彼らと日本人の演奏家の多くとの違いである。日本人のときは――例外はもちろん、ある――その演奏をきいていて、作品の「魂」も、演奏家の「人間性」も、どちらも伝わってこないことが珍しくないのだから。

そういう点でいうと、さきにふれたムターの場合でも、彼女のベートーヴェンをきいて、「何をしたいのかわからない」という批判に当たった点があるとしても、それでもって、あの人には表現の意欲はないというふうにいうのは、行きすぎ、言いすぎだろうと思う。というのも、私は、先日、彼女が（カラヤン／ベルリン・フィルといっしょに）メンデルスゾーンとブルッフの協奏曲を入れたレコードをきいた（グラモフォン＝MG 0184）。それによると、メンデルスゾーンに比べ、ブルッフのほうはかなりおもしろくきかれるのである。ということは、彼女も、何をひいても同じというのでなく、適不適がある。つまり、人間としての自分の行き方を示しているということになるのではないだろうか。ムターについては、私はこれ以上は何もいえない。

しかし、作品と演奏家のあいだにある隔たりという問題では、私は、これもこのあいだ日本に来たピアニスト、ポゴレリッチの場合にも、それを考えさせられた。彼は評判どおり、そうして私にもレコードを通じて予想されていたとおり、ショパンの作品を思いきって、自分流に、風変わりに、ひいた。風変わりだから、ショパンが適していないとは考えない。それどころか、私のきいた夜の演奏でいえば、ショパンよりもシューマンの『交響的練習曲』のほうがずっと変わっており、かつ、私自身は、ショパンよりつまらないと思った。しかし逆に、ピアノをひく力、それから自分の考えたことを音にして出す能力と、何よりもその意欲の烈しさにおいて、彼は、ありふれたのとはちがう素質の持ち主であることを、はっきり示していた。

私たち、こういうことを、よく考えてみないといけないのではないだろうか。今月は、私は、まずスタイルということからはじめたが、この問題は、実は、ここまで立ち入って考えてこないと、ただ教科書に出てくるような次元の話で終わってしまう。それでは足りないのである。日本の俗流での「クラシックの音楽家たち」だからといって、ベートーヴェンやショパンをひくと、そのあいだに何かしっくりいかないものがある人は当然あるわけだし、だからといって、それは才能のない音楽家だといわれるべきではないのである。むしろ、彼らはまだ「自分のひくべき音楽」つまりは「自分の行くべき道」を発見してないのだ、と見るべきではないだろうか。

ヨーヨー・マ＆アックス／チェロ・ソナタ第1番、2番

CD／ソニー　SRCR－8642

　ヨーヨー・マとアックスの組合せで、ベートーヴェンのチェロ・ソナタの第一番、第二番をきいた、少し古いものだけれど。

　ベートーヴェンの若い時の作品をきくのは、何か月か前にアルゲリッチとクレーメルの合奏でヴァイオリン・ソナタ作品一二の一番から三番までの三曲をきいて以来である。あの時も、痛快なおもしろさがあったが、今度のチェロ・ソナタも、実によかった。

　ベートーヴェンというと、全般的にいって、このごろは昔ほどきかれなくなった様子だし、私自身を省みても、たしかにその傾向がある。きいていて、あんまり力んでいる感じが強く、肩がこるのである。だから、たまにベートーヴェンをきくと、どうしても、後期の作品ということになる。晩年のピアノ・ソナタとか弦楽四重奏とか。

それからまた、かつて、ベートーヴェンをよくきいていた昔でも、チェロ・ソナタというと、あんまりきく機会はなかった。第一、演奏会にいっても、例の第三番のイ長調ソナタにはよく出っくわしても、一番、二番といった若書きのソナタは、あんまりひかれない。もっとも、晩年の作品一〇二の二曲もそうだけれど。

そんなわけで、この作品五の一と二の二曲のチェロ・ソナタをじっくりきくなどというのは、何年——いや何十年ぶりかわからない。だが、きいてみて、よかったと思う。

ベートーヴェンの音楽は大体がそうなのだけれど、特に二十何歳という若い時の彼の音楽の特徴は、何といっても、まず整然たる建築感——ほとんど純粋形式美(*)といってもいいような——のがっちりした手ごたえであり、それから、それを内面から支えているものすごい情熱の躍動である。いや、この両方が、一つのものになって、どっちが外側で、どっちが内側と区別できないほどぴったりくっついている点である。

そうして、これが若い時の彼では、建築美も、たいていは悲愴感をみなぎらせた熱情の躍動も、まるで、ボディ・ビルできたえた若々しい肉体をみるような、何の虚飾もない、むきだしのきびしさで出てきているのである。

それが、時には、私たちに、あんまり押しつけがましくて、やりきれない気持にさせることも事実である。作品一三の『悲愴ソナタ』など、その一例だろう。

作品五のチェロ・ソナタでも、第二のト短調の長いアダージョの導入部などにも、そういう趣きがある。付点音符づきの音階だとかアルペッジョだとかがさかんにくりひろげられる中で、これでもかこれでもかと、悲愴な述懐をきかされるのである。だが、それが成功した楽章——その結果、あんまりふくれ上ったパトスの氾濫がなく、むしろ、きびしい自己抑制さえ感じられるところだと、この音楽は、そのきびしさできくものを打たずにおかない。

作品五の一番は、そういう例だ。これをきいていて、私は、この整然たる形式美とパトスのきびしい表現とにふれて、遠い昔の少年のころ、寒中水泳をやらされて、はじめは厳しい寒さにふるえ上ったけれど、いつの間にか、寒いというより、内側からもり上ってくる温さの中でのびのび手足を動かし、自由に呼吸することの夢中の快感を味ったことを思い出した。

やっぱり、私は、時にこういうきびしい音楽をきく必要があり、また、それが好きなのだ。

この一番にも、アダージョ・ソステヌートの導入部があるが、こちらは長すぎないばかりでなく、洋々と流れるものと、こまかなリズムを刻むところの変化と統一の配分に、よりバランスがとれている。

それにアレグロの主要部に入ってからも、音楽に変化があり、しかも、あくまでも整然たる秩序のとれた形をしているのだ。主要主題の終ったあと、（第五七小節から）十六分音符が入ってくるようになって、分散和音の*p*と*f*の交代も、機械的なくらい規則正しく行われていて、気持が良い。そのかわり、第二主題（ハ長調）に入ってからも、いろんな種類の副主題が幾つもめまぐるしいくらい出てくる。そうして、その間に、半音階的な突然の転調が混ざるのである。この辺の、変化のつけ方は実に見事だ。

だが、整然たる秩序と変化との対照でのクライマックスは、展開部が終って再現に入る直前の転調の扱いで、しばらくヘ短調できたあと、その属音のCの音におちつくので、ここからヘ長調の再現にゆくのかと思わせておいて、第二〇五小節でdes（変ニ長調）に移って、*pp*でしばらく、暗い道をそっと潜(くぐ)りぬけるような微妙な音楽をやる。その時は、ピアノの低音がdes—d—es—e—f—fis—g—gis—a—b—h—cとオクターヴのトレモロをやりながら半音ずつ上ってゆく。そうして、四小節たっぷりCを鳴らしてから、再現に入り、ヘ長調に戻るのである。

これには、何も特別な転調があるというわけではないが、しかし、勇ましく、逞ましく、筋骨質の音楽の続く中で、ここは、やっぱりしっとり情感を覚えさせずにおかないのである。

しばらくは、滝のようなきびしさに打たれ、それから、こういうデリケートな小径によって、息をひそめ、そのあと、再び大きく呼吸して躍進する。こういう音楽をきいていると、身体中が、健康で爽やかな快感でいっぱいになる。

ヨーヨー・マとエマヌエル・アックスの二人は、こういう曲に正にうってつけの演奏をしている。ヨーヨー・マもアックスも、力んで、ごりごりした音楽は、いかにもそれらしく、力瘤（ちからこぶ）を入れて、思いっきり、じゃんじゃんひいている。これでいいのである。

だが、それでいて、ヨーヨー・マの方は、何しろ天下周知の抜群の技巧の持主であるばかりでなく、純粋に音楽家としての資質においても非常にすぐれているので、ベートーヴェンの――若いベートーヴェンの――要求する、いろいろな表現の変化にも、しっかり応じるだけの余裕を残している。この結果はガンガンやっているようでいて、大きな、こせこせしない音楽になって鳴り響いてくる。

これにくらべると、アックスは精いっぱいといってもいいだろう。何もテクニックが不足だというのではないが、音楽の幅が、少し狭いのである。彼のはフォルテも――ＣＤできく限り――よく響くというよりも、きつく耳を打つ強音にきこえる。

しかし、若い二人が、自分たちの音楽をぶつけあってつくっている演奏は、それなりの快さをもっているのは、いうまでもない。若いベートーヴェンの音楽は、こういう演奏できく方が、良いのではあるまいか。

第二楽章のアレグロ・ヴィヴァーチェは、八分の六拍子。モーツァルトがよく終楽章につかった拍子であり、ベートーヴェンは、それを意識して、ここでもその「狩りのリズム」でロンドの音楽をつくる。よく流れる——というより、よく駆けまわる音楽である。だが、軽い足どりとまではいかない。そうして短調の中間部はきれいだけれど、もう一つ、物たりない。しかし、それをここに求めるのは、土台、無理なのかもしれない。それがあったら、ベートーヴェンでなく、モーツァルトになってしまう。

私としては、このソナタをきき終って、「ああ、何と長い間、このきびしくて整然とした音楽にふれずにきたものか。これをきいて、本当によかった」と、きくまえより、よほど自分が若がえり、健康になったような気がしたのだ。

作品五の二のソナタの第一楽章の長い導入部のことは、前にちょっとふれた。主要部のアレグロ・モルト・ピウ・トスト・プレストは、ピアノが、非常にしばしば三連符をきかせる。その切迫したリズムが、音楽としては、モーツァルトのような表現の緊迫した悲痛さを感じさせず、むしろ、異常に高揚した運動感をつくり上げる。これが若いベートーヴェンというものなのだろう。

展開部の大部分は、この三連符で埋めつくされているようなものだから、この三連符は、はじめから展開部向きのモチーフとして、ベートーヴェンの頭の中にあったのかもしれない。

作品五の一と同じく、二の方も、二楽章しかない。ここでも、第二楽章はアレグロのロンド。だが、リズムは八分の六拍子でなく、四分の二拍子。ここでも、ベートーヴェンは、ある点で、モーツァルトへの接近を計っているようであるが、結果は違ったものになっている。

それでいいのだ。また、ここでも再び、ピアノがめまぐるしくかけまわる。と同時に、今度はチェロも、それに負けじと、六十四分音符で、ピアノの旋律に対位線をつけるようにして、もりもり、力の入ったすごい速いフレーズをひきまくる。これは、私たちには、『フィガロの結婚』の序曲で、木管が旋律をやる間、弦がめまぐるしく駆けまわって副旋律をつけていたことを思い出さす。

ここでは、アックスのすごいパンチをきかせたパッセージと、ヨーヨー・マのそれとが、交代で、ところせましとばかりに、はしりまわるのをきくと、溜飲の下がるような気持がする。

くりかえすが、こういう曲は、こういうひき方をした方がいいのである。昔のカサルスとホルショフスキーの共演もすばらしかったし、今日でも未だ歴史的名盤と呼ばれるにふさわしい出来栄えだ。しかし、今ヨーヨー・マたちの演奏をきいていると、あれは少し大家らしくすぎはしなかったかしら？　という気がしてきた。これを書いた時、ベートーヴェンは、まだ若かったのだ。

それに、この二人の共演には、昔のカサルスたちには感じられなかったユーモアがある。これがまた、この若いコンビの魅力である。それに、すごい走句をひく時のヨーヨー・マのチェロは快調そのものだし、その点を考えれば、このソナタもきき劣りはしない。

それに、前述の第一楽章の展開部における三連符の連続にしても、アックスのひき方そのものは、ヨーヨー・マに劣らぬ快調ぶりで、両者は共演というより競演という方がいいくらいの演奏がきかれ、豪快といってもいいようなきキごたえがある。

はじめにふれた、あのアルゲリッチとクレーメルのヴァイオリン・ソナタの場合にしても、今度のヨーヨー・マとアックスによるチェロ・ソナタの第一、第二番にしても、たしかにベートーヴェン流の精いっぱいの力んだ音楽には違いないが、こういう名手たちの演奏できいてみると、ほかの場合にはないような爽やかな後味が感じられる。これは、整然たる形式感という面では、ヴィヴァルディなどのイタリア・バロック音楽にみられるスポーツ的快感と共通するように思われるけれど、ベートーヴェンには、もう一つ、感情の上での烈(はげ)しい劇的な起伏と、こまやかな情感の裏づけというものがある。この両方がないと、若いベートーヴェンをひいても、おもしろくいかないのである。そうして、これがきかれる点が、アルゲリッチ組やヨーヨー・マ組の演奏がすぐれている理由であり、魅力なのだろうと、私は思う。

＊註　私がここで形式美とか建築美とか呼んでいるものは、静的な、図式に表わせるようなものばかりでなく、動的で、簡単には要約しがたいものも含む。それにしても、ベートーヴェン——特に若い彼の音楽では、根本のところに、たとえばソナタ形式といった形の枠についての知識なしには、充分に把握できない美しさがあるのであって、その枠を相手に、ある時はそれを利用して均衡のとれた古典美を築き上げ、ある時はそれを逆用して、堤防にぶつかる奔流のような躍動的な壮観を誘導させたり、炸裂させたりする。

「形」の抵抗がなければ、ベートーヴェンの音楽のダイナミズムは、根本的に変ってしまったろう。

マイスキー&アルゲリッチ／チェロ・ソナタ、他

CD／グラモフォン　POCG1494

アルゲリッチの新譜というと、このごろはピアノ独奏というより、合わせものの方が多くなった。特にクレーメルのヴァイオリンとの二重奏とかマイスキーのチェロとのそれとかが目に入る。

何も二重奏が悪いというのではないが、この人にはもう少しソロの新譜を出してほしいと思っているのは私ひとりではあるまい。

そう考えながら、今度出たマイスキーとの二重奏のCDをきいた。

このCDには、ベートーヴェンのチェロ・ソナタ二曲、作品五の一と二――つまり、ベートーヴェンの最初のソナタの一対――と、それからモーツァルトの『魔笛』の中のパパゲーノの歌〈Ein Mädchen oder Weibchen〉による一二の変奏曲と、同じくパパゲーノとパミーナの二重唱〈Bei Männern, welche Liebe fühlen〉による七つの変奏曲と

が入っている。

この『魔笛』からの主題による変奏曲、ことに二重唱による変奏曲——特に二番目——が、とてもおもしろいのである。ピアノとチェロが、それぞれの個性を表面に出して、主題を弾き出すので、いかにも二重唱——二重奏ではなくて——をきいているような気持になる。そのあとの変奏もそれぞれが性格的で、いろんな種類の表現をしている上に、細部でも微妙なニュアンスをあちこちにちりばめらせている。しかも、それがチェロとピアノの両方で、ある時は対蹠的といっていいくらい違っていたり、ある時は一方が相手に合わせ、ピッタリ一致するとか。あるいは相手のひくのをモデルとしてよく似た表情でおっかけてみたりする。仲のいい二人の遊びのようでもあるし、相手から違う音楽のやり方を汲みとって、何とか自分の表現の幅を拡げようと、つとめているみたいでもある。こんなひき方だと、昔だったら、「もうちょっとしっかり練習してから本番をひいてくれ」と註文をつけられたかも知れない。

ところで、ここで、追いかけ、勉強している方は、たいていがアルゲリッチなのだ。

そう、私にはきこえる。

「アルゲリッチと合奏すると、彼女の個性が強すぎて、たいていは相手を喰ってしまうので、二重奏になりにくい」という評判をいつかきいたような気がするが、このCDをきいていると、彼女の方で相手から何かを吸収しようとしている姿勢が目に浮かんでくる。もっといえば、彼女がこのところ二重奏をさかんにやっているのはそのためではないかとさえ、推測されてくるのである。

もちろん、そうはいっても、アルゲリッチのことだ。すべてにおいて、勝気で、思ったことはバリバリやってのけるだけの実力を具えているのだし、また、自信をもった彼女がひく以上、へり下ったとか何とかいう様子は、全くない。気持の良いくらい、バンバン鳴らしている点は、ソロの時と、ちっとも変わらない。ただ、それでいて、「音楽を鳴らす」のでなくて、「音楽を作る」微妙なところで、相手についてゆく気配が感じられるのである。

それに、この『魔笛』の主題による変奏曲をきいていると、いまさらながらモーツァルトの音楽というものが、いかに自然で、なだらかに流れているものかが痛感されるのと、それに対し、ベートーヴェンの音楽というものは、それだけでは納まりきれず、何か別のものが入ってきて、モーツァルトがその中にピタッとおさまっている枠をこえて、もっと先に出、音楽の幅と奥行を大きく深いものにしようと気負っている、ということも、つくづく感じさせられるのである。ゴツゴツして、見方によれば、わざとらしく不自然だとさえ、いえるものになってしまう。

前にも書いたことがあるが、私がはじめてアルゲリッチのリサイタルをきいたのは一九六八年のことだが、その時彼女のひいたベートーヴェンの作品二の三、ハ長調のソナタの響きは、私はいまだに忘れられない。本当に音の一つ一つが明確な輪郭をもった、強くて、きつい音だった。自分が何者であり、何をしたいかという意識と意志が明確に打ち出されている演奏。それは誰の曲に出てきても同じはずの音階一つとってみても、はっきり、ほかの誰とも違う音楽になっており、また、ほかのどんなピアニストとも違う音の連続になっていた。

それは、彼女のCDをきいても変わらない。それにまた、彼女の演奏はどれをとっても、まことに、ききばえのする美質をいろいろ具えているのだから、その後の彼女が駆け足で、世界のスターダムの階段をのぼっていったのは少しも不思議ではない。

しかし、ピアノをひく力と、音楽の把握の仕方とは、全く同じことではない。ずっと前の話だが、アルゲリッチがリストのソナタとシューマンの第二ソナタを入れたレコードを出したことがある。どちらも胸のすくような名演だった。私は好きで、よくきいた。しかし、そうはいっても、リストは名実ともに名演といってよかろうが、シューマンとなると、威圧的なくらいの力の溢れ方で、何回もきいているうち、シューマンがこれをきいたら、何と言ったろう？　いや、あの内向的で、口数の少ないことで有名な人のことだから、何にも言わなかったかもしれないが、首をかしげたのではないかしら？　と考えたくなるような演奏にきこえてくるのだった。

アルゲリッチには、どこかで、まだ、彼女のひく曲の性格と彼女のひき方との間に、しっくりいかないものがある場合がある。

敢えていえば、彼女は、もっと、音楽のいろいろなひき方をする力を拡げた方がいいのではないか。

そういうことを、私は、今回のマイスキーとの二重奏をきいていて、思うのだ。モーツァルトは、その点で、彼女の演奏上の問題と、それからベートーヴェンのギクシャクした書き方の問題とが、二重になって提出されてくる。しかし、それが——果してマイスキーのおかげかどうか、まだ、私にはよくわからないのだが——この二曲の変奏曲だと、実にいろいろな表情の変化をもった、おもしろい音楽となっているのである。ベートーヴェンがモーツァルトを少しおもちゃにして遊びすぎてるのじゃないか？　という気がするところも、ないではないけれど。でも、この演奏できくと、やっぱりこんなおもしろいいきものは、そうはないという気がして、こちらも楽しめるのも確かである。

チェロ・ソナタの方は、モーツァルトに比べて、いかにもギクシャクした、肩をはり、いろんなところに力瘤を入れたベートーヴェンの気持が存分に出ている音楽である。アルゲリッチの烈しい、アグレッシヴな演奏にピッタリといってよい。事実、彼女はここでは、水を得た魚のように、気持よく泳ぎまわっている。さっきふれた彼女の音階のひき方の見事さも、この二曲では、おそい時も速いひき方の時も、何回も味わえる。きくものは名人の気合いの入った腕の冴えを、目の前にするような快感を味わうのだ。

それに、ベートーヴェンの、普通のゆき方をわざとはずして、変則的なダイナミックの味つけをする好み。クレッシェンドしていって、頂上に達した瞬間、パッと*p*や*pp*にするとか、強拍をはずして、弱拍に*f*や*ff*を入れるシンコペーションとか、和声の流れを、時々、思わぬ方向に変えて、少しねじ曲げられたような効果をつくり出すこととか、そういう個所が来るたびに、アルゲリッチは嬉々として、こなしてゆく。障害物競走とか、ハードル・レースとかいった趣きである。ことに、*f*や*sf*を打ち鳴らすタッチの強さ。バネがきいて、ぴんとはねかえるような響きがする。

その一方で、彼女は、ベートーヴェンが、例のくせで、きき手の予想をはぐらかして、書き入れたドルチェの個所――たとえば第一番ヘ長調ソナタの第一楽章の中ごろ、ここは提示部でヘ長調からハ長調に移って、いったんおさまった直後、イ長調に方向転換して、展開部が始まるのだが、このハ長調に対するイ長調の出現は、やわらかで夢みるような気持を出すベートーヴェンの得意のやり方である。ここをひくアルゲリッチは、さすがに、柔らかく、優しい。いつもはあんなに男勝りの力芸の得意な彼女が、こんなにやさしくひくのをきいていると、ベートーヴェンにも、こういう時があったのだなと、改めて思わないわけにいかない（こんな時のアルゲリッチには、どんな男も抵抗できないのではないかしら)。

これがあるから、ベートーヴェンはやっぱりすごいのである。彼は何も、いつも怒鳴りちらし、肩を張って、歩いているばかりではなかったのだ。

チェロ・ソナタといっても、作品五の二曲は、何といってもまだ二十代の作品である。万事につけて、余裕がないというか、目的をきめて、わき目もふらずまっしぐらに歩いているような音楽である。だから、アルゲリッチ流の勇ましいといってもいいようなひき方がピッタリな個所が少なくない。というより、総体的にいって、ピッタリなのである。いずれ、この顔合わせで、第三番以下のソナタも出るのかもしれないが、この初期のソナタは、上述の理由で、二人の合奏として、のちの名作とは別の意味があり、おもしろい。ただ、彼女は、ソロの時もそうだが、総じてピアニスト一般の傾向として、右手が主旋律を受けもって活躍する時、左手はアクセントをつけるから、和声・流れのバスをしっかり保持する程度に、右手よりずっと弱くひく。特に、この場合のように、チェロとの二重奏なら、ピアノのバスの方は、余計、あんまり出しゃばるべきではないのだろう。

だが、それも時と場合による。というのも、チェロはバスを受けもつこともあるが、実は旋律楽器でもあるのである。だから、チェロが旋律を受けもち、ピアノが伴奏にまわる場合、あるいはピアノとチェロがこまかく交代し、対話する場合は、たとえ和音の低音の役をつとめるだけといっても、彼女はバスがもう少しよくきこえるようにひく方がいいのではないかしら、という気がする時がある。

　ＣＤの場合、これは「音を調節する」モニターの役目でもあるのだろうか。だが、そのモニターは、私にわかる限りで、ここでは、マイスキーの音を鮮明に出すのに留意しているのではないかと思われることが少なくない。つまり、マイスキーのチェロの方がピアノの前に出て来て、鳴っていることが少なくないのである。

　もっとも、こういうことは、現場に立会って勉強したこともない私が、余計な当て推量をすべきではないのだろう。それに、アルゲリッチのような実力と名声を兼ね具えたスター・アーティストを扱って、万が一つにもバランスを崩すようなことが行なわれるはずもあるまい。

　マイスキーのチェロは、概して考え深く、変化にとみ、必要とあれば力強く、突進する。合奏も完璧だし、アルゲリッチが好んでこういう人と重奏するのは当然だ。

　何か月か前、私はピリスのピアノとデュメイのヴァイオリンによるモーツァルトのヴァイオリン・ソナタのＣＤについて書いた。あれは今も私のすぐ手のとどくところにおいてある。今度のアルゲリッチ＝マイスキーのベートーヴェンのチェロ・ソナタと『魔笛』の主題による変奏曲二つを入れたＣＤも、非常に違う意味だが、結果として、同じように手許におくことになるだろう。とにかく、これはすごい演奏であるだけでなく、いろんな楽しみがみつかる盤である。

グートマン、ケンプ他／チェロ・ソナタ第3番

ナタリア・グートマンはかつてのソ連出身のチェロの名手で、ヴァイオリニストのカガンと結婚していた。「いた」と書くのもおかしいが、それはカガンが何年か前に死んだからである。このカガン夫妻とは、これも今は亡くなったスヴャトスラフ・リヒテルがよく一緒に組んで室内楽を演奏していたはずである。しかし、今はリヒテルも死に、カガンも死に、グートマン一人が生き残ったわけだが、そのグートマンが、これもソ連（グルジア）の名ピアニスト、エリソ・ヴィルサラーゼと組んで、ベートーヴェンの曲を入れたＣＤをきいた。

曲はベートーヴェンのソナタ第三番、作品六九イ長調とメンデルスゾーンのソナタ第二番ニ長調その他であるが、私はまだベートーヴェンをきいただけ。

はじめてきく演奏だが、かつてのリヒテルやカガンのことを思い出し、またこのソ

ナタにも数々の思い出があるので、きくにつれて、懐しさが胸にこみ上げて来る。

もちろん、うまい演奏である。グートマンはかつてミュンヘンのコンクールに優勝した時すでに室内楽の名手として評判になった人だというが、その評価は今度のCDをきいても、少しも変える必要があるまい。もちろん、ピアノのヴィルサラーゼは類い少ない名手であるばかりか、とてもセンシブルな、表現力豊かなピアノをひく人だから、二人の息もぴったりだ。だが、ぴったりではありながら、ときどき、ちょっと違うところがある。それが、むしろ、私にはおもしろい。この種の二重奏では、二人の演奏が一つになって音楽を作っていかなければならないわけだが、しかし、二人が完全に一つになっているという場面ばかりでなく、多少の違いがあっても、その違い方によっては、音楽に厚みが加わり、より一層影の濃いものになるということだってあるのだ。

たとえば——これはほんの一例だが——このソナタの終楽章はアレグロ・ヴィヴァーチェの主要部の前に十八小節（つまり八＋八＋二小節）の導入部があり、これは三楽章制で緩徐楽章をもたないこのソナタの中で、唯一、いかにもベートーヴェンらしい堂々たる旋律をゆったりと幅広く歌うきかせどころの一つなのだが、その旋律を、ピアノがpで静かに抑えた表情でひとしきり（八小節）歌ったあと、今度はチェロがそれをひきついで、歌い、ピアノが伴奏にまわる。このチェロは、ピアノと同じ歌を別の楽器でくりかえすというのではなくて、ピアノの時よりも、かなり遅いテンポでのびのびと思いのたけをのべるかのように歌い上げる。この二重奏での二人のテンポはかなり違うのだが、そのために、音楽の彫りは一段と深くなるのである。うまいというより、演奏の生理に素直に従った相違といいたくなるような違い方である。ピアノとチェロでは違うのが当然で、チェロは何といったって旋律楽器で、たっぷりしたレガートでそれぞれの音にしっかりしたヴィブラートをつけながら、音をふくらましたり、弱くしたり、テンポもごくわずかだが速くしたりおそくしたりしながら、旋律を奏でる。それに対して、ピアノは減衰する音の連なりを正しく操作しながら、レガートをつくって歌う。

こんなことはわかりきった話だが、しかし、二十世紀のある時期、「新しい演奏様式」が生まれてあとは、そういったテンポののび縮みやダイナミズムの食い違いなどは極力生じないように心がけながらひくのが主流になっていた。

それが、この二人の演奏では、また以前に戻ったみたいなところが、時々だが、あるのである。これはこの二人の考えから生まれたことなのか、もしかしたら、二十世紀の後半、ソ連で育った演奏家たちには、こうやってひく何か「伝統的教養」とでもいったものが具わっているのか。こういう点が、かつてのソ連育ちと西欧で教育を受けた音楽家たちとの違いだろうか？

といっても、この二人は二十世紀の前半に育ち活躍した人たちとは違う、「新しい風」を受けた人たちでもあるのだ。

そういう点は、例えば第二楽章アレグロ・モルトのスケルツォをきいてもすぐ感じられる。かつて――私が若いころきいて育ったカザルスはもちろん、そのあとの名人たちの多くも、このシンコペーションの多いスケルツォは何となくぎこちないリズムで重々しくひく例がよくみられたものである。

それに比べて、このグートマンとヴィルサラーゼの二人は、スポーツカーとまではいわなくとも、快速の車のような爽快さで、前進してゆく。それにスケルツォの開始、ベートーヴェンがpと入れたところも、必ずしもいつもpでひくわけでもない。しっかりした音で颯爽とゆく。

こういうのをきいていたら、かつて、トルトリエがエリック・ハイドシェックのピアノと入れたベートーヴェンのチェロ・ソナタ全曲盤の中でのこのソナタのことが思い出されて来た。あすこでは、まず、第一楽章の第一主題の提示からして、勇壮雄渾で、《エロイカ交響曲》の出だしとはまた少し趣きは違うが、威風堂々たる姿という点では、それに少しも劣らない「英雄的」身振りと足取りをもった登場ぶりで、きく人に強い印象を与える。これをきいた途端「これこそ、ベートーヴェンだ！　第三交響曲や第五ピアノ協奏曲、あるいは《大公トリオ》らと並んで、ロマン・ロランのいう英雄的創造期の代表作と呼ばれるにふさわしいチェロ・ソナタ第三番の出動姿だ」と唸（うな）る人も少なくないのではないか。

この絢爛たる登場ぶりは室内楽というより協奏曲のスタイルにこそふさわしいといってもいいだろう。これは、また、主題の提示だけでなく、曲のいろんな個所にもみられることで、ベートーヴェンにチェロのための協奏曲のないのを残念がる人は、こういう演奏をきけば、少しは慰められるのかもしれない。ハイドシェックも、それにふさわしいピアノをひいているといってよかろう。ずいぶんの力演であって、録音のせいかどうか、ピアノが高音のフォルテで少しきんきん鳴るのが残念だ。

トルトリエのは、もちろん、全体にわたってこの主題の提示にふさわしい悠然たるテンポをとっていて、その点でも、こういうスタイルの好きな人はたっぷり満腹感を味わえるだろう。音もきれいである。ＣＤのライナー・ノーツをみると、トルトリエは一九一四年パリに生まれ、一九九〇年に死んだ。その活動期は二十世紀の後半まで及んでいるといってもいいのだろうし、五〇年以降はカザルスの音楽祭に毎年参加していて、カザルス本人ともよく共演したと書いてあるから、このソナタのひき方に、昔のカザルスと共通するものがあるのも不思議ではない。

もちろん、カザルスのも、本当に、重々しかった。神々しいくらい重々しかった。

私はまだ学生だったころ、この曲をカザルスがひいたレコードが出て——それはヴィクターの赤レーベルの、たしか一枚三円五十銭で、当時としては最も価格の高いレコードの三枚組だったので、とても一度に払いきれず、月賦で分割払いにしてもらったものだ。それを大事に、大事にしてきいた。それだけに、その音、その演奏ぶりは今も頭にしっかりと刻みこまれている。

そのカザルス—トルトリエの系譜の演奏が流れている私の身体ではあっても、今、こうしてグートマン、ヴィルサラーゼの組合わせで同じソナタをきくと、この方が、よりしっくり来るのである。

時の流れ、好みの移り変わりといってしまえば、それまでだが、私にはそれだけでなくて、この演奏様式の変遷にも、ある論理のつながりがあると考えられもするのである。

グートマンたちの演奏にみられる室内楽的様式ということをいったけれど、このベートーヴェンの曲の演奏で、室内楽の味わいが、この二人より、さらに、高度に開拓された——というか、洗練され、より成熟した形で出ている演奏に、ピエール・フルニエのチェロとヴィルヘルム・ケンプの二重奏がある。

これも今は昔——たしか五〇年代の終わりだったと思うが、東京の日比谷公会堂で、フルニエとケンプが、ベートーヴェンのチェロ・ソナタ全曲演奏をしたことがある。二晩だったか三晩だったか、かけて。

私はその全部をきいたわけではないが、三番のソナタはきいたはずである。そうして、行く前はフルニエとケンプでは、バランスはどうだろう？　ケンプの方が強く前に出て来るのじゃないか、と案じていたのもよく覚えている。

ところが、そうでもなかった。そうして、私はその時はじめてケンプという人が繊細といってもいいような細かい味わいに満ちた演奏をする人であることを知ったのである。

この二人の合奏したベートーヴェンのチェロ・ソナタ全集の二枚組のＣＤは今も残っている。一九六五年パリでの録音とあるから、私のきいたのと同じではないが、しかし、全体としては、そんなに変わったものになってはいないと信じる。

そうして、ここでのケンプのピアノの密度の濃い、こまやかさは、当時の私の記憶を、確実に、裏づけるものだ。ここでの二人の息の合った合奏ぶりも見事だが、何といってもケンプの良さは、単にピアニスティックな点での卓越ということにつきるのではない。むしろ、ピアニストとしたら、同じ世代でいってももっと優秀な人がいた。けれども、ケンプではまず「音楽」が先に来る。そうして、彼は聴衆に「語りかける」のがとても上手だった。

大体、ケンプといえば、ベートーヴェンのソナタ全曲とかブラームス、シューマンの名作の大家として知られている。彼が大家とか巨匠とか、そういう呼び方にふさわしいピアニストであることは言うまでもないが、しかし、この人は門構えが大きく豪壮で奥行きも深い大邸宅といったことを連想さすような意味での大家、巨匠なのではない。なるほど、彼の《ハンマークラヴィーア・ソナタ》も、《ワルトシュタイン・ソナタ》も、あるいはシューマンの《幻想曲》、あるいはブラームスの《ヘンデル変奏曲》もりっぱなものだ。しかし、それは構えが大きいからりっぱなのでなくて、一つ一つの細部が滋味豊かな音楽をもっていて、しかも全体として整っているからなのである。

このベートーヴェンのチェロ・ソナタ第三番でのケンプのpとfの使い方の慎重で的確なこと。それはむやみと局部に力瘤を入れてゴッゴツしているのではなく、むしろ、円滑といってもいいくらい、艶やかな油ののった滑らかさで流れてゆく——このソナタにさかんに出てくる——音階の豊かな楽趣一つとってみても、よくわかる。滑らかだが、上滑りするのでなくて、こまかな配慮の裏づけがあるのである。例の第一楽章の最初の主題にしても、カザルス流のゴッゴツした力感とも、ましてトルトリエ流の一歩一歩大袈裟な見得をきりながら進んでゆくような足どりでもなく、むしろ、グートマン＝ヴィルサラーゼ組の円滑と同じ根から生えたような演奏なのに、もう一つ、はっきりした「内容」が加わる。

その内容とは、「これこそが室内楽だ」というほかないような「内的な変化に裏づけられた曲線」としての性格が、ここにあることだ。

pの微妙さもfの力強さも、音力の増減も、音色の変化づけも、テンポのごく細かな操作も、そのどれをとっても、外面向けの示威的（デモンストラティヴ）なものとしてあるのでなく、その逆なのである。だから、この演奏は、ある見方からすると、地味といってもいいくらいなのに、結構、変化にとみ、力強い。しかも、時によっては、優美でさえあるのだ。ロマン・ロランのいうところの英雄的示威的雄渾さと輝かしさはあんまりないけれど、本当の「音楽的内容」という点では、私の知るほかのどの演奏より優れている。

これに一番近いのはスヴャトスラフ・リヒテルのピアノ、ロストロポーヴィチのチェロによる演奏が、同じように、わざとらしさのない力強さ、豊かで、しかも清潔な動きといった点で共通するといってもいいかもしれない。ただ、この組合わせでは、二人の音楽家は必ずしも同じように呼吸しているわけではない。時々、どちらかが、相手の出方をうかがって、それと違う方向に行こうとする。その点、ケンプとフルニエには、それぞれの巨匠性の特徴は保持しながら、そういったナマグサイ競争意識はない。むしろ、淡々としたものだ。

とにかく、ケンプの室内楽は本当によかった。ピアノをもった室内楽は、とかく弦にせよ、管にせよほかの楽器とのバランスがむずかしくなる。音が出る原理、ひいてはその楽器のもつ「生得の音楽性」が根本のところで違っているからである。

しかし、ケンプの場合、同じくベートーヴェンのピアノとヴァイオリン、チェロと合せた三重奏曲をきいてみても、彼が加わることによって、音楽は本当に豊かになっているにもかかわらず、発想が外向的な装飾的なものになったり、まして騒々しい、これみよがしのものにならないのである。音楽は見事に「静かだが、内容の豊かな充足性」に向かってゆく。《大公トリオ》でさえ、そうである。

話はちょっとそれるけれど、ケンプのショパンの見事さを御存知かしら？　彼にはショパンのソナタ二番と三番、それに即興曲、バラード、スケルツォが一曲ずつ入ったCDがある。これは、いわゆるショパンひきのショパンとは一線を画したようでいて、興味深い、いや、本当にりっぱなショパンである。

特にソナタは両方とも、あのポロネーズにみられるようなはなばなしい「騎士的」輝きはあんまりない。それに第一楽章もスケルツォ楽章も、あんまり速くないし、ポリーニ、アルゲリッチやツィメルマン、あるいはアシュケナージ的名人芸を予期したら、肩透かしを食ったような気がするかもしれない。しかも、音はあんまり大きくない。いや、むしろ、ケンプの*p*や*pp*を根幹としたショパンである。そのかわり、初めてきく人は、二番ソナタの《葬送行進曲》やフィナーレがこんなに内容豊かな音楽だったのかと今さらのように思うに違いない。あのフィナーレを墓場を吹く風と呼んだのは、たしかコルトーだったと思うけれど、ケンプのは正にそうだ。ただし、コルトー一流の詩的誇張を含んだけばけばしさはない。強いていえば、「渋い」ものだ。

第三ソナタでも、第二ソナタ同様、パッセージの力業より、「たおやかで繊細極まる敏感さで裏づけられた」旋律の部分が特に目立つけれど、それはブラヴーラの部分が欠けているというわけでもない。このソナタでの第三楽章ラールゴは正にききものには違いないが、だからといって、終楽章がつまらないわけではない。いや、逆に、とてもおもしろい。あの中でしきりと出てくる音階——特に下降する音階なんか、ただ胸のすくような腕の冴えでもあるが、それは曲芸的な妙技というより、滑らかで清らかな水の流れのように美しい。特にこのごろの若いピアニストの多くは、この楽章を、これこそ腕の見せ所とばかり、それこそ血相をかえて、必死になって、ひきとばすけれど、ケンプのは、それと正反対な「あくまで音楽をやっている」という足場を離れない演奏である。決して派手ではない。それでいて、くりかえすが、多感繊細の極みのような音楽が、ここから、きこえてくるのである。

メロス弦楽四重奏団／『弦楽四重奏曲全集』

CD／グラモフォン　POCG－9141〜8

バリリ弦楽四重奏団は戦後間もないころ、つまりはLP初期のころからの音楽ファンには実に懐かしい名である。私もその一人だが、今世紀の五〇年代から六〇年代にかけて、この楽団の演奏を通じて、ブラームスやモーツァルト、それから特にベートーヴェンの室内楽をきいたものには、そのやわらかで暖みに富んだ音色とともに、それぞれの曲の味わいをゆっくり、たっぷり楽しんだ記憶として、未だにしっかり生きている。それに、純粋な弦楽四重奏曲だけでなく、バリリ四重奏団の人にイエルク・デームスのピアノが加わってきいたブラームスの四重奏、五重奏だとか、そのほかウィーン系の管奏者を混えた室内楽もすばらしかった。

そのバリリの室内楽のレコードの何枚かが新しく出たというので、とりあえず、ベートーヴェンの最後の弦楽四重奏作品一三五（ウェストミンスター　G－10547〔廃盤〕）

を改めてきいてみた。

もちろん、とてもよかった。昔きいた時もそう思ったのだが、彼らの演奏できくと、この曲の後半が特に身に沁みる。レント・アッサイ・カンタンテ・エ・トランクイロとベートーヴェンがことわったように、彼らは「静かに、よく歌いながら」たっぷりゆっくりひく。こういうひき方は、戦前のレコードできいたのではカペー四重奏団よりむしろレナー四重奏団に近いのではないかと思うが、バリリのはたっぷり感情をこめながらも、同時に「静けさ」の気配が——レナーのどちらかというと激情に走りやすいひき方よりも——よく出ているように思われる。昔はじめてきいた時もそう思ったし、今度きき直してみても、この感じは変らない。静かでたっぷりしていて、しかもこれは「歌」であると同じくらい「祈り」になっているのである。この祈りが終って、つぎの楽章に移ってからの演奏も私は好きだ。久しぶりできいて、私は昔を思いかえしながら、一度では満足できず、終ってから、またもう一度頭からきき直した。

そうすると、今度は、こういうことにも気がついた。ＬＰ初期のものだから、いうまでもなくモノーラルである。そのせいもあるのだろう、彼らの表現の仕方には、音色の変化、音量の加減、さらにはテンポの動かし方、その他すべてにおいて、ある程度の枠があって、その枠から踏み出さないようになっているのである。

全部がある枠の中にあるから、その中に実に整った調和のある世界が実現している。

調和と均整の世界といっていい。それが一方では、きき手の中に何ともいえず快いものに包まれて呼吸するような経験に変る。私ならずとも、これはどんなきき手にも気に入るだろう。

だが、二度続けてきいてみている最中、私は、ふっと、これでいいのかしら?という疑問をもった。いや、そうではない。

私は、何か、こういうのでない、荒々しいとまではいかなくとも、何かもっとシャープな、鋭角的でダイナミックなものを、この曲からきき出した記憶がある、と気づいたという方が正確だろう。

私ははじめ、それは例の戦前にきいたレナー四重奏団の演奏の記憶がかすかによみがえったのかしらと思った。しかし、そうではない。それはもっとナマナマしい響きなのだ。もっと烈(はげ)しく力強く、しかも、もっとこまかな点まで、はっきり分化して、きこえてくる音の流れなのだ。

何だったろう? と一所懸命つきつめようとつとめているうち、思い出した。私は、このバリリをきく一週間ほど前、フィッツウィリアム弦楽四重奏団のCD(ロンドンF35L-50200〔廃盤〕)で同じ作曲家の作品一三〇の四重奏をきいたのだった。このCDでは、彼らは終楽章に例のベートーヴェンが当初書いた通り、大フーガ(作品一三三)をおいており、ベートーヴェンがあとで書き加えたアレグロのロンドのフィナ

譜例1

ーレは、そのフーガが終ってから、いわば附録みたいにして、つけ加えている。

このフィッツウィリアム四重奏団の演奏を、ただ、荒々しく烈しいとだけいってしまうのは、少し乱暴な話になるけれど、バリリとの比較でいえば、こちらのひき方は、どうしてもナマナマしく迫真的だといいたくなるのである。それは何もキツイ音でひくというのではない。だが、たとえば、この曲の焦点の一つ、短かいけれど胸をえぐるような悲しみを盛ったカヴァティーナを例にとれば、あの主題が一しきりきかれたあと、三つの弦が集まって和音を連打する上で、第一ヴァイオリンだけが、とぎれとぎれの（つまりこまかく休止符をはめこんだ）歩みで、悲しみの歌を奏する時、直接きき手の耳、いや全身に痛みを与えるようなリズムでもってひかれるのである。ベートーヴェンは、ここにbeklemmtというドイツ語の表情記号を書きこんだ、「胸がつぶれるような悲しみ」あるいは心臓の鼓動が乱れ、脈搏が不規則にうつ時の足どりというのだろうか（譜例1）。

簡単にいえば、まるで切りこみ細工みたいに休止符と音符とが交互に（だが不規則に！）はめこまれて出来たふしが、彼らの演奏できいた時くらい、はっきり出てくるのをきいた覚えはない。きいていて、私の胸も苦しくなった。

これはたった一つの例にすぎない。フィッツウィリアム四重奏団の演奏できくと、どの楽章も、それぞれ別の性格をもちながら、よりあつまって生きている一つの不思議な「生物」と接触しているような体験をするのである。

「すごい演奏だな」と思った。

今、こうして思い出していると——私はこの文章を書くために、敢えてフィッツウィリアムのＣＤをきき直すことをしないでいる——、バリリとの違いを考え、両方の演奏をなりたたせた何か——それも単に技術的な次元での相違というだけでなく——こういうものを可能にする背景、彼らをとりまき包んでいる時代の流れとでもいったものを考えさせられて来るのである。このことを、これ以上、具体的に文字にするのは、今はやめておくけれど。

今世紀五、六〇年代にきいたバリリの演奏は、八〇年代も終ろうとする今、きき直してみると、格別に暖かく懐かしい香りでもってきこえてくる。それは、彼らの演奏が前いったように、ある枠の中で、それを踏み外さないように気をつけながら均衡のとれた調和の世界を実現しているからで、彼らの弦の奏法が柔らかい音を目指しているとか、モノーラルのＬＰだから、そこからきこえてくる響きは、現在の精巧を極めたディジタル録音のＣＤが拾う音の領域よりも限られた狭い幅のものでしかないというだけの話ではないのである。いってみれば、バリリの演奏は、時代の考えの結果として生れたもの。その一つの結晶として実現したものなのである。そうして、このことが、特に今きいてみて、私たちに格別に暖かく抱きしめ安心させてくれるような懐かしさを味わわす。私たちは、「ああ、やっぱり昔の演奏はよかった！」とつい口に出したくなる。

バリリに限らず、昔の人の演奏をきいて私たちが「何とすばらしい演奏だろう」と感じる時、そこには、多かれ少なかれ、こういう心と感覚の動きがあるのではなかろうか。

ところで、フィッツウィリアム四重奏団の演奏を思い出しているうち、私は、彼らの「音」がそれぞれの分離性でバリリの場合よりもっと鮮明になっている一方で、全体としてのまとまった響きという点でも、もっとよかったような印象を与えられたのではないかと考え出した。

そうして、その響きを思い出そうとしている間に、こまかい日付は忘れたが、去年（一九八六年）の秋、ＮＨＫのＴＶでメロス弦楽四重奏団のライヴ録画の放映をみた時、途中にはさまれたインタヴューで、団員の一人が「弦楽四重奏というのは、四個の弦楽器の合奏であるとともに、全体の響きが一つの大きな弦楽器であるようになっていなければならない。四人でもって、その巨大なヴァイオリンをひくようなものだ。私は、私たち四人は、四重奏団を組んで二十年（といったか三十年といったか?）、やっとこのごろになって、そういうことができるようになったと思っている。と同時に、四重奏団に不可欠ないろいろな条件をみたすという点からみても、今が私たちの演奏として最も高い地点に立っているのではないかと思っている」といった趣旨のことを話していたのを思い出した。この話をきいたからだ、となったら口惜（くや）しいけれど、たしかにあの時TVでハイドンからシューベルトときいてゆくうち、私はメロス四重奏団の演奏のもつ迫力に並々ならず打たれたのだった。

そうだ、私は今この文章を書くに当って彼らの演奏をきくべきだったのだ。

彼らはベートーヴェンの弦楽四重奏十六曲の全部の録音を終えて、去年の暮だったか、CDの三つのカセットとなって日本でも発売されたのだった。私は、それをろくすっぽきいて来なかった。今もまだ、とても、全曲をきく余裕をもっていない（物理的に時間がたりないというのでなく、ベートーヴェンの四重奏をつぎつぎ、十六曲きくというのは、精神的に至難の業である）。

私は、まず作品一三五をかけてみた。

何という演奏だろう。最初の主題の提示の一段落する一〇小節の間にこめられた音楽の凄さ！　ほとんどすべての音に、*p*とか*f*とか、あるいは＜＞とか、その他

譜例２

のダイナミック記号がつけられ、打弦、撥弦（はつげん）の奏法が指定されているわけだが、それが、彼らの演奏のように、正確に守られ、精密厳格に実行されているだけでなく、そこからまるで火花がとびちるようにして、音楽がとび出してくる！　それをきいていると、ここに引用したわずかな五小節の中でも、すでに二十五個かそこら出てくる休止符までが、単に音を出さないというだけでなく、まるでその都度呼吸をやめ、息をつめながら、無言のままで全体の音楽の形成に参加している姿が目に見えてくるみたいな恰好で、「生きて」いるのが感じられてくるのである（譜例２）。

「こんな調子で、全楽章がひかれたら、きく方も参ってしまう」と私は考えた。しかし、事実は、参ってしまうどころか、演奏が進むにつれて、私はますますその魔法の環（わ）の中に没入してゆく。途中でやめて引きかえすなどという気にはさらさらなれるものではない。

そうして、同じ楽想がこまかく刻まれ、別々の楽器の間で精妙に分担され、リレーされる時も、それから、ここに引用した楽譜のあと、第一二小節からユニゾンで7度2度、7度2度と動くモチーフが来る時も、四つの楽器は正に彼らの一人がインタヴューでいったように、一つの巨大な楽器みたいな響きを立てるのである。

こういうことは、かつてジュリアード弦楽四重奏団が出現した時（私は一九五三年ニューヨークで初めて、彼らのベートーヴェンをきいて驚嘆したものだ）、先鞭をつけられたものだが、そのあとラ・サル四重奏団、それからアルバン・ベルク弦楽四重奏団を経て、今このメロス四重奏団に達する一つの流れとみることもできるのだろう。ただ、メロスの場合、音楽を分析してみた時の演奏の精密度だけでなく、何度もくりかえすように、全体が一つの楽器のように響くという点では、これまでのすべての団体を追いぬいているのではないか。そうして、このことが、彼らの演奏に、未聞の厚みを与える。作品一三五のレントだけでなく、ラズモフスキーの緩徐楽章（特に一番と二番のそれ）の演奏などにはっきり出ているように、そこから精神的なものの表現としての深さを感じさせずにおかないのも、これと密接に関係していると、私には見えるのだ。

私は今までベートーヴェンの弦楽四重奏（だけではないけれど、特に）の演奏ではアルバン・ベルク四重奏団のそれを好んでいたけれど、こうしてフィッツウィリアム、メロス四重奏団ときいてくると、もう、とてもこの一つだけが特によいなどといえなくなる。この中でもメロスの到達した高さは何か先例のないようなものではないかという気がしてくるのである。

結局、私はどの一枚を選んで書けばよいのか。そう、私はやっぱりメロス弦楽四重奏団のベートーヴェンの四重奏全十六曲のセットについて語りたいのだが、とても全部きけずにいる段階なのだ。だが、私のきいたラズモフスキー三曲、それから作品一三五、一二七といったものだけでも、このセットのもつ異常な高さを確認するには充分だ。もし一曲だけはなしてきかれるのなら、「さし当り、作品一二七からはじめたらどうですか」と、今は、いいたい。

●解説――

「ベートーヴェンの音」を求めて

近藤憲一

本書は、吉田秀和(一九一三〜二〇一二)が最も充実した評論活動を繰り広げていた一九七〇年代から九〇年代(五十〜七十歳代)に書かれた、さまざまな形姿と内容を持つ「ベートーヴェン論」をまとめたものである。これらには、吉田が生涯にわたって思索を続けた「ベートーヴェンの音とは何か?」についての論考が集成されている。

冒頭の四つのエッセイ風論考が、実に興味深く面白い読み物である。最初の「ベートーヴェンの音って?」で、往年のピアノの名匠バックハウスを引き合いに出して、「『ああ、美しい!』と言いたくなるような響きとはまるで違う音。きたなくて汚れているのとでは全然ちがうけれど、思わずふるいつきたくなるような、あるいはうっとりと身を任せてその音の中に没入したくなるようなものとも正反対の、むしろ、それをきくと途端に目をさまして、注意深くあたりを見まわしたくなるような音……」が、「ベートーヴェンの音楽にふさわしい音」と規定している。

続く三篇では、音楽について論述するとき、至極当然のこととして、他の芸術（とくに文芸の、とくに詩。そして絵画を中心にした美術）や歴史状況にも触れることを心がけていた吉田の評論の基本姿勢が披瀝される。「クレーとベートーヴェン」では、近代スイスの画家・版画家のパウル・クレーとベートーヴェンの創造を比較して、「一つのモティーフの多様なメタモルフォーズとしての創作という点では、まったく同じ事情が働いている。まったくタイプのちがう芸術家なのに、彼らの創造行為の根本的なところで共通点がある」と分析し、晩年の二人はともに、「神と死と孤独といったものに直面していた」と看破する。「静けさの効果——歌舞伎と《第九》」では、テレビで観劇した『仮名手本忠臣蔵』のある段で（筆者注：「城明け渡しの段」と思われる）、大星由良之助が一人だけで演じるときの十七代中村勘三郎の名人芸に心打たれたあとに、バイロイトで聴いたフルトヴェングラー指揮のベートーヴェンの《第九》の衝撃的な感動を蘇らせる。そして、劇的緊張の強い演技と演奏のあとに漂う静けさに、表現者の孤独を感得する。「中国とベートーヴェン」では、一九七四年に『人民日報』に発表されたベートーヴェン批判——ベートーヴェンをブルジョワ音楽の象徴と見なし、人民に有害とする——に対する戸惑いを率直に表明しつつ、反論している。

　以下がいわば本編で、時代を代表する演奏家たちの実演体験とディスクを題材にした多種多様なベートーヴェン論が展開される。幼少からピアノでクラシック音楽に親しんでいた吉田が、中学生の頃に好んだのは、ハイドン、モーツァルト、ベートーヴェンの音楽であり、とくに「ベートーヴェンの《悲愴ソナタ》を一所懸命弾いた」と述懐している。大正期から昭和前半の日本においては、ベートーヴェンの音楽に親しむことが、演奏家にとっても鑑賞者にとっても、クラシック音楽の王道を辿ることにほかならず、誰もが「ベートーヴェンの音」を求めていた。

「ピアノ音楽とピアニスト」に関する論考は、二十世紀前半を代表したナット、ソロモンを筆頭に、シュナーベル、バックハウス、父ゼルキン、アラウら、名匠たちの歴史的録音から始められる。彼らの演奏を高く評価する理由は、「ベートーヴェンの音楽のもっている――全く独特の精神性の高さと作品の構造の隙のない堅牢さを、音として実現している」ときっぱりと断言する。彼らに続く世代、グルダ、ブレンデル、リヒテル、ギレリスら、第二次世界大戦後に国際舞台に華々しく登場した実力者たちのベートーヴェン表現の特徴と魅力を、懇切丁寧に解説し、「曲の底力を出し切るところまで考えぬいた演奏を良しとする」と記す。とくにグルダについて、「論理的で構成的であるのと同じくらい、猛烈な生命力と鋭い直観力と即興的にふきあがる情感の持ち主でもある」と記しつつ、ベートーヴェンは「無類の野人であり、反逆児でありながら、同時にものすごく深いところで、知的で、自分の仕事について透徹した意識をもっていたのである」と敷衍させる。そして、一九六〇年代から七〇年代に世界各地から出現した若いピニアストたち、アルゲリッチ、ペライア、ゲルバー、バレンボイムらの演奏について、彼らの実演を聴いた体験も交えて、深い共感と理解を示しつつ詳述している。

ベートーヴェンの交響曲に関する論考は少ないが、どれも印象的である。アーノンクール指揮の全集については、『第七番』の第二楽章冒頭の数小節を聴いて、「ああ、ベートーヴェン！」と叫びそうになり、「ベートーヴェンは、モーツァルトが考えもしなかった――望みもしなかった――音楽をかいたのだ」と記し、トスカニーニ指揮の『第五番』を、「フルトヴェングラーの『第五』とは、まるで違うけれど、それに劣らない『精神的な高さ』がある」と称賛する。ロシアの巨匠ムラヴィンスキーを、二十世紀中盤以降の指揮芸術を牽引したトスカニーニやセルらの「落し子の一人ではないか」とさりげなく記すところなど、まさに慧眼である。

弦楽器のための室内楽曲の演奏で取り上げられているのは、ほぼ全員が戦中・戦後に生まれた俊英たちである。ヴァイオリン・ソナタは、ムター、クレーメル、レーピンら、チェロ・ソナタは、ヨーヨー・マ、マイスキーなど。各稿の前段で、シゲティ、フーベルマン、オイストラフ、カザルスらの歴史的名盤に触れ、彼らの遺伝子が後の世代にどう継承されたか、されなかったかを論考の基底において、ベートーヴェン表現の変遷を辿る。とくに吉田が好んだピアニストのアルゲリッチが共演したクレーメル盤については、「この新しい二人のベートーヴェンには、かつてない颯爽とした勢いと新鮮さと、その上に、恐るべき実力がそなわっている」と見抜き、そんな二人が演奏する音楽として、ベートーヴェンは打ってつけだったと共感を示す。そこでは、傑作・名作といえども、優れた演奏の遺伝子が注がれずしては（作品が演奏者と鑑賞者の生き血を吸う、とも言われる）、後世に聴き継がれていかないという自明の理を、鮮やかに浮かび上がらせている。

吉田秀和が二〇〇六年に文化勲章を受章したときのインタビューで、共に音楽を愛し、慈しむ心を持った人に向けて、「みんなもっと、音楽の、こういう豊かで自由な世界に来ればいいのになぁ、と思っています」と語った。それを象徴する音楽こそ、吉田が生涯にわたって愛と共感を抱いて聴き続けたベートーヴェンであったに違いあるまい。

（音楽評論家）

●初出・出典一覧――

「ベートーヴェンの音って？」（『音楽の光と翳』鎌倉書房、一九八〇年三月／中公文庫、一九八九年二月）
「クレーとベートーヴェン」（『ユリイカ』一九七二年六月号／『批評の小径』日本書籍、一九七九年四月）
「静けさの効果――歌舞伎と『第九』」（『朝日新聞』一九七六年二月二十日／『音楽　展望と批評２』朝日新聞社、一九八六年三月）
「中国とベートーヴェン」（『朝日新聞』一九七四年二月十九日／『音楽　展望と批評２』朝日新聞社、一九八六年三月）
「イーヴ・ナット／『ピアノ・ソナタ全集』」（『このCD、このLD＊25選』新潮社、一九九二年六月／『この一枚 part 2』新潮文庫、一九九五年八月）
「ソロモン／『ピアノ・ソナタ集』」（『レコード芸術』一九九三年十月号／『音楽のある場所＊CD・LD30選』新潮社、一九九五年六月）
「ヴラダー／ピアノ・ソナタ第3番、他」（『このCD、このLD＊25選』新潮社、一九九二年六月／『この一枚 part 2』新潮文庫、一九九五年八月）
「ゲルバー／ピアノ・ソナタ第8番『悲愴』、他」（『音楽の時間＊CD25選』新潮社、一九八九年十一月／『この一枚 part 2』新潮文庫、一九九五年八月）
「ペライア／ピアノ・ソナタ第17番、18番、26番」（『音楽の時間＊CD25選』新潮社、一九八九年十一月／『この一枚 part 2』新潮文庫、一九九五年八月）
「ギレリス／『ハンマークラヴィーア』、他」（『レコード芸術』一九九七年四月号／『音楽の二十世紀＊CD・LD30選』新潮社、一九九八年二月）
「ギレリス／ピアノ・ソナタ第30番、31番」（『このディスクがいい＊25選』新潮社、一九八七年九月／『この一枚』新潮文庫、一九九二年十一月）
「アラウ／『ディアベッリ変奏曲』」（『音楽の時間＊CD25選』新潮社、一九八九年十一月／『この一枚 part 2』新潮文庫、一九九五年八月）
「グルダ／ベートーヴェンのピアノ協奏曲」（『世界のピアニスト』ラジオ技術社、一九七六年七月／ちくま文庫、二〇〇八年五月）
「ブレンデル、レヴァイン、シカゴ交響楽団／ピアノ協奏曲全曲」（『このレコードがいい＊25選』新潮社、一九八五年九月／『この一枚』新潮文庫、一九九二年十一月）
「キーシン、レヴァイン、フィルハーモニア管弦楽団／ピアノ協奏曲第2番、5番」（『レコード芸術』一九九七年九

月号／『今月の一枚＊CD・LD36選』新潮社、二〇〇一年一月）

「アシュケナージ、メータ、ウィーン・フィル／ピアノ協奏曲第4番」（『このディスクがいい＊25選』新潮社、一九八七年九月／『この一枚』新潮文庫、一九九二年十一月）

「アーノンクール、ヨーロッパ室内管弦楽団／『交響曲全集』」（『レコード芸術』一九九二年二月号／『音楽のある場所＊CD・LD30選』新潮社、一九九五年六月）

「マゼール／交響曲第1番、2番」（『ステレオ芸術』一九七九年十一月号／『レコード音楽のたのしみ』音楽之友社、一九八二年六月）

「トスカニーニ、NBC交響楽団／『交響曲第5番』、他」（『音楽の時間＊CD25選』新潮社、一九八九年十一月／『この一枚 part 2』新潮文庫、一九九五年八月）

「ムター／『ヴァイオリン・ソナタ全集』」（『レコード芸術』一九九九年一月号／『今月の一枚＊CD・LD36選』新潮社、二〇〇一年一月）

「クレーメル&アルゲリッチ／ヴァイオリン・ソナタ第1番〜3番」（『このディスクがいい＊25選』新潮社、一九八七年九月／『この一枚』新潮文庫、一九九二年十一月）

「アルゲリッチ&レーピン／『クロイツェル・ソナタ』」（『レコード芸術』二〇〇七年十二月号／『之を楽しむ者に如かず』新潮社、二〇〇九年九月）

「隙間　ベートーヴェンのヴァイオリン協奏曲」（『レコード芸術』一九八二年二月号／『レコードの四季』音楽之友社、一九八三年五月）

「ヨーヨー・マ&アックス／チェロ・ソナタ第1番、2番」（『このディスクがいい＊25選』新潮社、一九八七年九月／『この一枚』新潮文庫、一九九二年十一月）

「マイスキー&アルゲリッチ／チェロ・ソナタ、他」（『レコード芸術』一九九二年四月号／『音楽のある場所＊CD・LD30選』新潮社、一九九五年六月）

「グートマン、ケンプ他／チェロ・ソナタ第3番」（『レコード芸術』二〇〇二年七月号／『之を楽しむ者に如かず』新潮社、二〇〇九年九月）

「メロス弦楽四重奏団／『弦楽四重奏曲全集』」（『このディスクがいい＊25選』新潮社、一九八七年九月／『この一枚』新潮文庫、一九九二年十一月）

＊本文中に記載のレコード、CD等の番号、及び廃盤といった情報は当時のものなので、現況はネットやCD店他でご確認下さい。また、人名表記はその時どきのままとしました。

ベートーヴェン

二〇二〇年 四 月一〇日 初版印刷
二〇二〇年 四 月二〇日 初版発行

著 者 吉田秀和（よしだ ひでかず）
発行者 小野寺優
発行所 株式会社河出書房新社
〒一五一－〇〇五一
東京都渋谷区千駄ヶ谷二－三二－二
電話〇三－三四〇四－八六一一（編集）
〇三－三四〇四－一二〇一（営業）
http://www.kawade.co.jp/

ロゴ・表紙デザイン 粟津潔
本文フォーマット 佐々木暁
本文組版 株式会社ステラ
印刷・製本 中央精版印刷株式会社

Printed in Japan ISBN978-4-309-41741-7

マーラー

吉田秀和　41068-5

マーラー生誕百五十年から没後百年へ。マーラーを戦前から体験してきた著者が、その魅力をあまさずまとめた全一冊。ヴァルターからシノーポリまで、演奏解釈、ライヴ評ＣＤ評も充実。

フルトヴェングラー

吉田秀和　41119-4

フルトヴェングラー生誕百二十五年。吉田秀和が最も傾倒した指揮者に関する文章を初めて一冊に収攬。死の前年のパリの実演の印象から、シュナイダーハンとのヴァイオリン協奏曲まで。

バッハ

吉田秀和　41669-4

バッハについて書かれたさまざまな文章を一冊に集める。マタイ受難曲、ロ短調ミサ曲、管弦楽組曲、平均律クラヴィーア、ゴルトベルク、無伴奏チェロ……。リヒターからグールドまで。

グレン・グールド

吉田秀和　41683-0

評価の低かったグールドの意義と魅力を定め広めた貢献者の、グールド論集。『ゴルトベルク』に始まるバッハの他、モーツァルト、ベートーヴェンなど、多角的に論じる文庫オリジナル。

西洋音楽史

パウル・ベッカー　河上徹太郎〔訳〕　46365-0

ギリシャ時代から二十世紀まで、雄大なる歴史を描き出した音楽史の名著。「形式」と「変容」を二大キーワードとして展開する議論は、今なお画期的かつ新鮮。クラシックファン必携の一冊。

聴いておきたい　クラシック音楽50の名曲

中川右介　41233-7

クラシック音楽を気軽に楽しむなら、誰のどの曲を聴けばいいのか。作曲家の数奇な人生や、楽曲をめぐる興味津々のエピソードを交えながら、初心者でもすんなりと魅力に触れることができる五十曲を紹介。

著訳者名の後の数字はISBNコードです。頭に「978-4-309」を付け、お近くの書店にてご注文下さい。